살아가며
사색하며

김영순 에세이집

살아가며 사색하며

초판 1쇄 인쇄 | 2016년 5월 30일
초판 1쇄 발행 | 2016년 6월 17일

지은이 | 김영순
발행인 | 윤영희
주 간 | 김길형

발행처 | 도서출판 **동행**
등록번호 | 제2-4991호
주 소 | 서울시 중구 을지로 14길 16-11 (2층)
전 화 | 02-338-2734, 2285-0711
팩 스 | 02-338-2722

값 12,000원

ISBN 979-11-5988-000-1 03810

* 이 책은 안산시 문예진흥기금 일부 지원받아 제작하였습니다.

살아가며 사색하며

김영순 에세이집

동행

글 묶음을 펴내며

라일락꽃 향이 이팝나무꽃에 매달려 날아다니더니 어느 사이 아까시아꽃 향기와 찔레꽃 향기가 날아와 코끝에 맴도는 5월입니다. 글을 쓰는 사람은 글 쓸 때와 책을 묶어 펴낼 때 첫사랑을 할 때처럼 설레입니다.

계절의 여왕인 5월에 이제 설레임을 시작합니다.

우리 도시는 삼십년 전쯤엔 도시가 형성되는 때라 높고 큰 건물들은 없었습니다. 아파트 단지 두 곳 정도 있었습니다. 은행도 병원도 원곡동에 한두 곳 정도 있었습니다. 뿐만 아니라 시내버스도 없어서 시외버스를 타고 볼일을 보러 다녀야 했습니다.

서울을 가려면 수암동에 나가야 버스를 타고 갈 수 있었습니다. 저의 푸른 5월 같았던 시절에 우리 도시로 이사 오면서 유배되어 왔다는 생각이 들 정도로 도시로서의 면모가 갖추어지지 않았습니다.

그러던 어느 시기에 전철이 들어오고 도시는 눈부시게 발전에 발전을 거듭하여 수도권 도시로서 그 면모를 유감없이 갖추고 이제는 인구가 75만이 넘는 도시로서 동서남북 어디엘 가도 푸른 녹지와 함께 멋진 도시로 발전하였습니다.

다양한 많은 사람들이 다양한 문화로 함께 자리 잡아 뿌리를 내려가는 우리 도시의 현재의 모습들과 도시 형성의 출발점 이야기를 기억의 저편에서 가끔은 꺼내어 안산타임스에 매주 글을 실었습니다.

우리 도시는 서해바다를 가지고 있는 상당한 매력 있는 아름다운 도시입니다. 매력이 있는 아름다운 도시에서 우리는 건강하고 편안한 가운데 다른 도시의 시민들처럼 서로서로 부대끼고 보듬어 가며 잘 살아가고 있습니다. 그러는 가운데 일어나는 다양한 정서들을 아주 작은 일부분 조망하여 보았습니다.

가끔은 다른 일에 쫓기어 졸작의 원고를 보낼 때도 있었습니다. 그럼에도 불구하고 시민들과 독자들께서 읽어주시고 격려해 주신 덕분으로 오늘 이렇게 글을 묶어 펴냅니다.

빠듯한 일상에서 때론 벗어나 주변의 자연과 더불어 쉼을 얻고 우리 서로를 존경하고 사랑하며 우리의 아름다운 도시 어느 곳에 서던지 모두가 함께 행복하길 기도합니다.

책을 발간하기까지 아낌없는 응원의 말씀을 주신 지역의 원로 분들과 선후배들께도 감사드립니다. 또한 책의 발문을 써주신 시인 김송배 전 한국문인협회 부이사장님께 감사를 드립니다.

지역의 선배 문인들께도 감사의 말씀을 드립니다. 또한 캐리커처를 밤새워 그려준 김재성 화가와 책표지를 디자인해 준 디자인나라 정혜경 대표에게도 감사의 인사를 전합니다.

글의 장을 내어준 안산 타임스 박현석 대표에게 감사드립니다. 책을 예쁘게 묶어준 도서출판 동행에도 감사의 인사드리며, 시민 여러분과 친구와 가족들에게도 감사의 인사를 전합니다.

감사합니다.

2016년
푸른 5월 샘골에서 저자 올림

CONTENTS

살아가며 사색하며

사태월싹

감

서른 즈음의 안산

갈대와 억새

수필

상큼한 바람

꽃대궐

남녀노소를 막론하고 우리가 너무나 좋아하고 부르는 동요가 있다. 제목이 '고향의 봄'이다.

> 나에 살던 고향은 꽃피는 산골 / 복숭아꽃 살구꽃 아기 진달래
> 울긋불긋 꽃대궐 차리인 동네 / 그 속에서 놀던 때가 그립습니다.

이 동요의 가사처럼 요즘 우리 동네가 꽃대궐 차리인 동네가 되어 있다. 동서남북 어느 곳엘 가도 봄꽃들이 경쟁이나 하듯이 겨울 내내 준비했던 그들만의 군무가 시작되었다.

산수유꽃이 겨울을 배웅하는 동안 고고한 백목련은 속살 같은 그 자태를 드러내어 꽃샘추위와 한 판의 씨름으로 따뜻한 햇살

을 불러낸다.

그래서 아직 4월 초순임에도 불구하고 개나리꽃, 진달래꽃, 벚꽃 등이 온 동네에 노랗게 붉게 하얗게 눈부시게 피었다.

수인도로 쪽을 보면 노란 개나리꽃 가지가 바람의 짓궂은 장난에 장단 맞춰 군무를 추고 그 춤을 바라보는 벚꽃들의 화사한 눈맞춤은 우리 모두를 행복하게 한다.

따뜻한 햇살 아래 작은 꽃들도 대궁을 삐죽이 올려 꽃봉오리를 만들고 한 잎 두 잎 열기 시작했다. 나무의 꽃들이 저마다의 자태를 드러낼 쯤 심어서 가꾼 꽃들도 봄꽃 대열에 정리하여 서기 시작한다.

이렇게 해서 꽃들은 자기 차례를 기다리지도 않고 앞 다투어 꽃잎을 열기 시작한다. 어떻게 하면 수많은 꽃들을 눈 속에 담아둘까 하여 휴대폰 카메라에 담고 담아도 모자란다.

날씨가 좋아 꽃들이 오래오래 피어서 삶에 지쳐있는 우리를 행복하게 하여 주면 좋겠다.

봄꽃이 유난스럽게 화사한 것은 마른 가지에 꽃부터 피우기 때문이다. 화사함과 함께 싱그러움을 가져오는 가로수들 잎도 조금씩 싹을 틔우더니 하룻밤 사이에 까맣던 나뭇가지가 푸른빛이 완연하게 감돈다. 나뭇가지와 가지 사이에 덩그렇게 보이던 까치집도 며칠만 지나면 새 나뭇잎으로 보금자리를 빛나는 연초록색으로 치장할 것이다.

자연스럽게 자라난 풀들도 눈여겨 봐주지 않아도 그들도 머리를 내밀어 함께 하려고 한다. 보도블록과 블록 사이에 피어나는 민들레꽃을 가끔 볼 수 있다. 이렇게 봄비를 힘으로 삼아 봄은 우리 앞에 빠르게 다가오고 있다.

고향의 봄을 작사한 이원수 아동문학가는 어려서 창원에서 살았다. 어릴 적에 서당 다니면서 머릿속에 간직해 두었던 고향의 봄을 떠올리며 작사하였다고 한다. 서당이 있는 곳이 부잣집들 모여 있는 마을이어서 여러 가지의 과실나무가 있어서 복숭아꽃 살구꽃을 볼 수 있었고, 앞산 뒷산에 흐드러지게 피는 진달래를 보고 노랫말처럼 그 동리가 꽃대궐로 표현이 되었다.

우리 안산은 녹지율이 높아 꽃대궐이 될 만큼의 꽃나무가 많다. 그리고 우리의 앞산 뒷산엔 지금 진달래가 만개하여 분홍빛 물감으로 산허리가 물들어 있다. 어쩌면 더 넓은 꽃대궐의 모습이 우리 안산이다.

봄은 진실함으로 한결같게 우리의 곁을 지키려고 그 자리에서 더 성장하여 우리에게 많은 것을 주려고 시작하고 있다.

우리는 늘 진실함을 갈구하고 한결같음을 찾고 있다. 스스로 진실하여 한결같은 모습으로 찾아온 봄과 눈맞춤을 시작하여 그 모습을 닮아가는 흉내라도 내보는 이 봄이 되었으면 한다.

상큼한 바람

입추 하루 전날까지도 푹푹 찌던 기온이 입추 당일 저녁에는 여름 속에 있던 가을 바람이 눈치를 살짝 보고 베란다 창을 살금 넘어 들어와 상큼함으로 우리를 위로하였다. 그리고 그 끝자락을 조금 남기고 떠나 한 이삼일 전부터 아침저녁으로 상큼한 바람으로 가을의 안부를 전하고 있다. 그렇게 보름이 넘는 동안 기승을 부리던 더위가 몇 시간도 안 되는 사이에 기온이 바뀌는지 정말 신기할 정도이다. 요즘 첨단의 과학으로 일기를 예측하여도 빗나갈 때가 더러 있다.

농사철 초반에는 가뭄으로 농사가 잘 안 될까 걱정하였는데 벼들도 그 사이 쑥쑥 자라서 벼이삭을 품고 여물어 가고 있다. 대추나무 꽃이 장맛비와 씨름을 하더니 어느 사이 대추알 생겨

커져 있고 감나무 꽃이 떨어진 것이 얼마 되지 않았는데 감이 밤톨보다 더 커져 따가운 햇살과 씨름하며 더 커져 가고 있다.

거리는 요즘 더 한산한 것 같다. 모두들 휴가를 늦게 떠나는 것 같았다. 아이들의 방학이 늦게 시작하여 그런 것 같다.

시내에도 물놀이장이 곳곳마다 설치되어 멀리 가지 않아도 조금만 시간을 내어 움직이면 물놀이를 할 수 있다. 물놀이 용품도 다양하다. 아이들이 좋아하는 용품 한두 가지 준비하여 가까운 곳에서도 훌륭하게 여름을 즐길 수 있다.

꼭 멀리 가야만 휴가를 보내는 것은 아니다. 여름철이면 멀리 나가야 되는 것같이 언제부터인가 생각들 하고 있다. 밖에 나가야 차들이 어디고 많아서 차도 위에 있는 시간이 더 많다. 이제 우리의 살림살이가 조금 더 풍족해졌다. 우리의 사계절은 정말 다 아름답다. 여름철에만 휴가를 떠나지 말고 적당할 때 나름의 휴가를 즐기는 문화도 만들어져야 할 것 같다. 물론 여름에 물놀이를 꼭 해야 하는 사람들은 여름을 즐겨야 한다. 남들이 놀 때 함께 북적대고 놀아야 그 맛이 있는 것도 사실이다. 하지만 한번 생각해 봄직하다.

요즘 여름 휴가를 즐길 수 있는 곳이 또 있다. 영화관의 시설이 잘 되어 있다. 가족동반 관람이 가능한 영화가 휴가철을 겨냥하여 개봉하여 상영한다. 오랜만에 부부가 동반하여 저녁을 맛나게 먹고 영화를 한 편 관람하면 잊었던 기억도 살아나고 정도 돈독해 질 것이다. 아이들과는 애니메이션 영화를 보아도 나름 기억되고 얻는 것이 있다. 경제적으로도 꽤 괜찮은 휴가가 될 수 있다.

이렇게 뜨거운 여름과 잘 지내다 보면 여름 내내 여름이 만든 가을이 성큼 다가와 있을 것이다. 뜨거운 여름은 풍성한 가을을 만드느라고 온 열기를 다하여 정성껏 가을을 준비하느라 열정적이었던 것이다. 그 열기가 우리에겐 너무 뜨거워 피한다. 피하여 가는 것이 휴가라는 이름을 달고 북새통을 내며 시원한 곳을 찾아다니는 것이다.

이제 여름이 만든 가을을 맞을 준비를 해야 한다. 가을이 시작되면 또다시 겨울이 만들어질 것이다. 풍성한 가을을 맞이하기 위해 이제 느슨해졌던 여러 가지를 챙겨봄직도 하다.

휴가(休暇)

기다리던 비가 적게나마 내려주셔서 감사하기 그지없다. 올해는 메르스로 학교가 방학을 평소보다 일주일 정도 늦게 한다. 이제 방학이 시작되면 휴가, 피서, 바캉스를 떠나는 시기다.

휴가는 일정한 기간 동안 쉬는 것을 말하고 피서는 더운 곳을 피하는 것을 말한다. 그리고 한동안 유행했던 바캉스는 휴가와 피서를 합친 말이다.

방학을 하게 되면 요즘은 아이들은 공부와 관련된 그리고 평소 부진했던 과목이나 해야 할 과목들을 별도로 공부를 한다. 학원이나 또는 전문가를 찾아서 시원한 에어컨 바람과 함께 그 실력을 쌓는다. 햇빛을 볼 틈도 없이 피서 아닌 피서를 하게 된다. 건물 안에서 문과 창문을 꼭꼭 닫아 놓고 에어컨의 시원한 바람으로 피서를 요즘 대신하는 것 같다.

그리 멀지 않았던 때에는 휴가가 시작되면 집안 전체가 시골에 계신 친가나 외갓집을 가서 며칠 신나게 논다. 그리고 농사일도 짧은 기간 동안 돕고 온다. 농촌에는 만들어진 장난감이나 놀이터가 없어도 시골집 마당 그리고 주변이 놀이터 그 자체이다. 저녁 무렵이면 덥던 바람은 어디론가 가버린 자리에 시원한 바람이 불면 잠자리 떼가 날아다닌다. 손을 뻗어 잡을 것 같은 착각으로 이리저리 뛰어다니며 신나게 놀 수도 있다.

잠자리채가 꼭 있어야 하는 것은 아니다. 맨손으로도 잡을 것 같은 그 손놀림과 뜀박질은 운동이 되어 건강에 도움이 된다. 저녁이면 할머니께서 밭에서 직접 가꾼 옥수수를 따서 쪄주시면 그 맛은 달고 맛있는 그 어느 주전부리보다 더 맛나고 맛있다.

시골엔 산과 산 사이에 큰물이 있다. 계곡인 것이다. 산 속 깊은 곳에 있는 계곡도 있지만 집 주변에 얕은 산자락에도 계곡이 있다. 밤이면 어른들과 미역 감으러 간다. 낮에는 펌프질을 하여 나온 손이 시리도록 차가운 물에 등목을 한다. 하지만 해떨어져 어슴푸레한 저녁이 마을에 내려앉으면 온 가족이 계곡에 가서 미역을 감는다.

계곡의 위쪽엔 남자들이 아래쪽에서는 할머니와 엄마와 아이들이 물장구치며 정말 재미있게 미역을 감는다. 미역을 감고 집에 돌아오면 잠이 쏟아져 할머니가 덮어 준 까실까실한 삼베 이불을 덮고 잠이 든다.

이렇게 지내다보면 아빠의 휴가는 벌써 끝나가고 있다. 시골 온 지 하루 이틀 지났다고 생각이 들 정도로 시간은 빨리 간다. 요즘은 시골의 친가나 외가를 가기보다는 해외로 많이들 휴가를 간다. 우리가 잘살고 풍요로워져서 휴가를 해외로 가는 것도 바람직하다. 다른 나라의 문화를 체험하는 것도 살아가는데 많은 도움이 된다. 우리의 시골도 예전의 시골이 아니다. 집집마다 부엌은 입식으로 되어 있고 화장실도 잘 갖추어져 있다. 어슴푸레한 저녁이 마을에 내려앉을 즈음 식구들과 미역 감으러 가보는 그래서 추억이 있는 시골로의 휴가를 가봄직 하다. 시골의 더운 여름 나기를 체험해 보는 것도 올여름에 해볼 수 있는 뜻있고 재미있는 우리의 문화를 즐기는 바캉스가 될 것이다.

가을 열매

베란다 새시 틈 사이로 그야말로 소슬바람이 들어와 이곳저곳에 내려앉는다. 아파트 화단에 피었던 백일홍, 분꽃들이 어느 사이 초라하게 뼈대만 앙상하게 남아 있다.

목련나무 가지를 타고 올라갔던 단호박도 잎은 누렇게 변하고 줄기는 오래된 새끼줄 모양으로 축 늘어져 있다. 그 사이에 단호박만 덩그라니 남아 있다. 잘 익었는데 추수를 하지 않은 채 받침대에 놓여 있다. 그것은 이 도심의 가을을 보라고 추수를 미룬 가꾼 이의 배려인 것 같다.

우리 안산 중앙로엔 가로수로 은행나무가 잘 가꾸어져 있다. 봄이면 연초록 잎을 가장 늦게 피우는 그리고 가을이면 잎을 노랗게 물들이고 열매를 한 알 두 알 떨어뜨려 놓아 보기만 해도 지나칠 때마다 행복한 미소를 짓게 한다. 서울 경복궁 담 옆을 지나갈 일이 있어 갔었는데, 정말 안 좋은 냄새가 나서 무슨 냄새인가 옆 사람과 찾고 있는데 바로 은행알이 인도 위에 떨어져 사람들의 발에 채여 으깨지고 부서져 나는 냄새였다. 그래도 열매로 인해 나는 냄새였으므로 웃으며 지나칠 수 있었다. 우리 안산에서는 냄새나는 것은 모르겠지만 이른 아침이면 장대를 든 어른들이 은행나무를 터는 것을 가끔 본다. 그리고 차들이 속력을 내고 달리는 길 한 가운데에서 열매를 줍는 것도 이따금씩 본다.

서울의 은행알은 사람들의 발에 채여 으깨지고 부서져 냄새가 진동을 하는데, 우리 안산의 은행알은 어디에 갔는지 알 수가 없다. 다만 털리고 줍는 것을 가끔 본 것 말고는 은행알의 행로가 궁금하다. 동네 어른들께 부탁을 드려 안산의 모든 은행나무를 털고 줍는다면 어떨까 생각이 든다.

요즘 체험이 유행인데 어린이들이 줍기엔 은행알에 독이 있어 여린 손으론 안 되고 하니 말이다. 그러면 약간의 경제적인 소득도 발생될까 싶어서이다. 열매를 수거해 가서 좋은 곳에 쓰여진다고 알고 있다.

그리고 열매를 거두어 가고 열매를 털거나 따면 안 되는 것으로도 알고 있다. 그런데 어디 그것 뿐인가. 녹지율 75%가 넘으니 공원마다 열매 있는 나무가 가꿔져 가을이면 풍성한 나무열매를 볼 수 있다. 꽃이 피고 열매가 맺힐 때 그리고 한여름이 지날 무렵까지는 공원의 열매들이 있었는데 가을이 오기도 전에 나무의 열매들은 사라지고 없다.

큰길가 모과나무에 주렁주렁 달린 열매가 분명히 있었는데 아직 덜 크고 아직 덜 익었는데 조금씩 나무가 비어 가더니 어느 날 아예 한 개도 없이 사라졌다. 나무의 주인은 분명코 우리 시민인데 시민 모두가 모르는데 열매들은 사라졌다.

열매가 사라지는 것은 좋다. 쓰일 곳에 쓰여지리라 생각하지만 열매를 따기 위해 가지가 부러지고 꺾인 흔적은 어떻게 설명을 해야 하는지 알 수가 없다. 오늘 지금 열매를 가져가도 내년을 생각해 추운 겨울을 견뎌내야 하는 나무에게 아픈 상처를 주는 행동은 하지 말아야 할 것이다.

또한 도시 속에 가을을 함께 볼 수 있도록 작은 욕심만 참는다면 많은 사람들이 가을의 열매를 보고 행복해 할 수 있다. 서울 사람들도 분명히 열매가 필요한 사람이 있었을 것이라 여겨진다. 하지만 냄새가 진동하도록 두는 것은 배려이고 예의인 것이다. 함께 가을을 보려고 말이다.

나무를 심은 사람들은 진정과 정성을 다해 나무에게, 시민에게, 자연에게 예의를 모두에게 지켰다.

그렇다면 열매를 따가는 사람들도 진정한 예의를 생각해야 할 것이다.

연하장(年賀狀)

12월의 끝자락에 다달았는데도 날씨가 겨울 날씨답지 않게 푸근해서 올 겨울은 따뜻한 가운데 보낼 수 있겠다는 생각들을 내심 가지면서도 추워지길 기다리고 있었는지 모르겠다.

그래서인지 이제부터 겨울이 시작될 것 같다. 한 이틀 추위가 우리들의 마음을 알아차리고 쌀쌀한 기운으로 다가와 있다.

음력으로는 아직 11월 하순이다.

양력 12월이 다가오면 그동안 짬을 내어 정리(整理)를 해야 한다고 하면서도 정리를 못하고 12월의 끝자락에 우리는 또 있다. 정리의 뜻을 보면 사람이 '장소나 사물을 흐트러지거나 어수선한 상태에서 모으거나 둘 자리에 두어서 질서 있는 상태'를 말한다. 연초엔 큰 계획의 시작을 서둘러서 하고 서둘러서 시작했던 것들 중에는 계획대로 된 것도 있고 계획했던 것을 하기 위해 주변을 흐트렸거나 어수선하게 했던 것들이 있다.

생각은 계획했던 일들을 마무리하면 함께 정리한다고 하면서도 못하고 조금씩 누적되게 하여 그것들이 결국 쌓이게 된다. 쌓인 것들을 정리하려고 하면 주변의 상황들이 많이 변하거나 달라져 있을 수 있다.

자연스럽게 또는 물리적인 상황으로 정리의 단계가 넘어 있을 수도 있다. 주변의 사물들이 색이 바랬거나 모양이 삐뚤어 지지 않는 한 흐트러지거나 어수선한 것은 그야말로 짬을 내어 제자리에 두고 질서 있게 할 수 있지만, 사람들과 사람들의 사이가 흐트러지고 어수선한 것은 제자리에 옮기고 질서를 잡기에는 퍽 어렵다. 흐트러지고 어수선해지기 전 잘 정리를 해야 한다.

정리가 늦어지거나 틈이 보이면 멀리멀리 달아나는 것이 사람과 사람 사이인 것 같다. 우리들이 살아가면서 여러 상황과 주변을 자로 잰 듯이 정리는 대부분이 못한다. 또 자로 잰 듯이 정리가 되는 사람이 있다면 때에 따라선 인간성을 의심 받을 수도 있다. 그것을 완화하고 기쁘게 정리의 다리 역할을 충분하게 했던 것이 있다. 연하장이다.

그리고 크리스마스 카드도 있었다. 물론 지금도 있다. 그림에 문외한이라도 일년에 한 번쯤은 평소 좋아하고 갖고 싶어했던 동양화나 서양화가 잘 그려진 연하장을 구입해 평소 감사의 마음을 차일피일 미루다 못 전한 분들께 그리고 앞으로의 계획이 잘 되길 빌어주는 손글씨로 참 마음을 담아 우표를 붙여 전하였다. 이렇게 자기의 마음의 표현을 짧은 글로 하여 소원해졌던 사이를 회복하게 하는 따뜻한 정리의 수단으로 사용하였다. 하지만 요즘은 SNS로 인해 홀대 받고 있다.

SNS를 통해 더 좋은 글과 아름다운 사진 그림을 전하고 마음을 전하는 세련된 첨단의 수단이 있어도 손글씨로 직접 마음을 담아 보낸 것 하고는 그 역할의 차이가 많다. 물론 연하장도 처음엔 직접 그리고 글씨도 직접 쓰다가 대량화란 상업에 밀려 인쇄가 되어 뻔한 내용이 담겨져 있어 식상하기도 했지만 나름대로 전하는 사람의 마음을 읽을 수 있어서 가볍게 정리하는데 도움이 되는 수단이 되기도 했다.

이제 마무리하는 시점에서 SNS를 통해서 다운을 받아 좋은 글을 보내든 오랜만에 연하장을 구입해 손글씨로 직접 마음을 전하든 가벼운 정리를 한다는 생각으로 가족과 이웃들에게도 하면 좋을 것 같다. 헌데 SNS에 본인의 마음에 와 닿는 글이라고 길고 긴 내용을 전하는 것은 생각해 볼 문제이다.

짧은 내용에 진심이 듬뿍 담긴 글로 새해는 더 좋은 일들이 있기를 빌어주며 가득하길 기원하여 본다.

초가지붕

끝자락에 있는 여름은 가을에게 자리를 내어주기 싫어 여러 모양으로 남아 머뭇거리고 있다. 하지만 가을은 어느새 성큼 다가와 서 있다. 매미가 아무리 여름 노래를 불러도 가을꽃들이 여기저기 피기 시작하였다. 가을꽃으로 우리가 많이 알고 있는 코스모스 꽃이 여름에도 요즘은 피지만 한창 많이 피어 군무의 춤사위로 익어가는 가을 향기를 전하기 시작하고 있다.

이제 여름이 비켜나면 가을과 어우러진 그곳만의 특별한 것을 보기 위해 각처로 우리는 떠나서 보고 듣고 느끼고 오려는 일을 시작한다. 우리의 그것을 충족시켜 주기 위해 요즘에 만들어진 것들이 많다. 지금의 문화를 만들어서 깜짝 놀라게 하는 것도 많지만 옛날 문화를 테마로 하여 만들어 놓은 곳이 많다.

지금의 문화를 첨단기술로 만들었거나 조성된 곳의 이야기에는 놀라거나 이해를 못하는 부분도 있어서 당혹스러울 때도 있다. 하지만 옛것을 재현하여 놓은 곳을 가끔 가보게 되면 아쉬움이 많이 남는다. 옛것은 옛것 그대로를 재현하여서 놓으면 보고 듣는데 불편하지 않을 터인데 요즘의 감각을 덧입혀 놓아 실망스럽다.

그때에는 초가집도 여러 층이 있었다. 재현된 초가집을 보면 다 잘사는 집들로 되어 있다. 지붕을 보면 볏짚으로 엮은 이엉을 몇 겹으로 쌓아서 볼품 있게 두껍게 되어 있다. 그런 집은 부잣집이거나 지체 높으신 분들의 집이다. 하지만 대다수의 집들은 초가집 지붕을 덮는 볏짚도 벼농사가 많이 있지 않아서 우선 귀하고 가격이 제법 있었다. 그래서 지붕에 이엉을 많이 만들어서 덮지 못해서 얄팍하게 얹었었다. 그래서 한겨울 나고 나면 여름에 장마가 지면 물이 새기도 했었다. 빗물이 방안 천정에서 떨어지면 큰 함지박 등에 받아 내기도 했었다. 헌데 옛날 초가집을 재현하여 놓은 것을 보면 양반 댁이나 부잣집처럼 보통 사람들의 집도 지붕을 두껍게 꾸며 놓았다.

그때에는 매년 가을 추수가 끝나면 집집마다 지붕과 울타리를 정비한다. 초가집 지붕에 올릴 이엉을 만들기 위해 동네의 어른들은 아침 일찍부터 볏단을 수북이 쌓아 놓고 이엉 만들기를 시작한다. 그 집 지붕에 덮을 만큼의 양을 예상하여 둥치를 만들어서 오후쯤에 지붕에 올려서 덮고 새끼줄로 튼튼하게 고정시킨다. 지붕 꼭대기 가운데 올리는 용마루라는 것은 아무나 만드는 것이 아니다. 그것을 잘 만드는 어른이 동네에는 한 분씩 계신다. 그분이 그것을 잘 만들어 지붕 꼭대기 중앙에 올려 길게 펴서 놓고 새끼줄로 고정시켜 튼튼하게 지붕을 마무리한다. 울타리는 돌과 흙으로 정비도 하지만 싸리나무로 울타리를 만드는 경우도 있다. 울타리는 추운 겨울 바람을 막아 주는 역할이므로 꼼꼼하게 손을 보기도 한다. 지붕과 울타리를 정비하는 날은 집에서 맛있는 음식과 이 날 먹으려 담군 막걸리로 일꾼들과 동네분들과 나누어 먹는 잔치 아닌 잔칫날이 되기도 한다.

이렇듯이 옛날 어른들의 멋진 솜씨가 그대로 재현이 되어야 한다. 그리고 그 과정과 내용을 알고 재현하여 놓았으면 한다. 과장되게 만들어 놓으면 그것을 알지 못하는 세대들이 보았을 때 과장된 것이 진짜인 줄로 알 것이다. 좀 더 세밀하게 조사를 해서 만들어야 한다. 그리고 지방마다 그 특성을 꼭 살려서 재현하는 것이 중요하다고 본다.

포도순절

흰 이슬이 내린다는 백로(白露) 24절기 중 열다섯 번째 절기인 요즘 하늘은 구름 한 점 없는 높고 높은 푸른 하늘이 찾아와 있다. 하루 종일토록 하늘은 구름 한 점 없이 바람으로 짧은 팔 흰 티셔츠에 앉았다 가버리고는 한다.

여름의 끝자락에서 초가을 사이인 요즘 날씨는 알곡들을 여물게 하는 최고의 일기라고 한다. 이 날씨는 추석 때까지 적당한 기온으로 풍년을 만드는데 가장 중요한 시기라고 한다.

나라에서 큰 행사를 하게 되면 큰길가를 정리하고 단장한다. 올림픽이 있었을 때와 아시안 게임이 치러졌을 때에는 어느 도시엘 가도 잘 단장하여 가꾸어진 것을 볼 수 있다. 그때에는 우리가 잘 보지 못했던 꽃들이 많이 심어져 볼 수 있었다. 그 꽃들은 지금은 어떻게 됐었는지 모른다. 헌데 얼마가 지난 다음부터는 이때쯤엔 황금 코스모스라는 꽃이 많이 피어 있었다. 우리가 봐왔던 꽃이 아니라서 낯설긴 했어도 나름대로 괜찮았는데 그 꽃들도 요즘 많이 보이질 않는다.

그 사이 벼이삭이 누렇게 익어서 살랑거리는 바람과 재미있게 이야기를 나누는 것을 조금만 시내를 벗어나면 볼 수 있다. 그것뿐만 아니다. 황금 코스모스에 밀려 자취를 감추어 가던 우리의 정서가 듬뿍 담긴 흰색, 분홍색, 빨강색 코스모스 꽃들이 논둑과 찻길에 푸른 가을 하늘을 바라보며 하늘거리는 모습으로 바람과 함께 어울려 군무를 추고 있는 것을 볼 수 있다.

그리고 조금 더 눈여겨보면 백일홍이 큰 키로 가끔은 피어 있는 곳이 있다. 참 반갑고 반가운 일이다. 백일홍, 맨드라미꽃, 키다리 칸나꽃, 깨꽃이라 불리는 사루비아의 붉은 꽃들이 익어가는 가을과 잘 어울려 피어 있는 것을 어쩌다 볼 수 있다. 정열적인 붉디붉은 다알리아꽃도 요즘 보기가 쉽지 않다. 도시에 살아서 못 보는 것만은 아니다. 심어서 가꾸는 곳이 그 전보다 없는 것이다.

밤이슬이 내리기 시작하면 추석이 가까워지고 있음을 알 수 있다. 옛날에는 명절이 돌아오면 옷을 새로 지어 입었거나 아니면 작년에 입었던 옷과 이불들을 손질했다. 이불 호청은 풀을 먹여 말리면 너무나 빳빳하고 우글쭈글 거린다. 그런 호청을 밤이슬 맞도록 걷어 들이지 않고 마당에 있는 긴 빨랫줄에 밤새 걸어 둔다. 아침 일찍 해가 뜨기 전 이슬 맞은 호청을 걷어들여 다듬이질을 하거나 다리미질로 우글쭈글 거렸던 천을 판판하게 펴고 깨끗하게 손질해서 이물이나 요에 씌워 바느질해 놓으면 추석에 오는 손님들이 사용할 이불들이 준비된다.

요즘처럼 흔한 분무기가 없었다. 큰 이불 호청들 같은 큰 순면의 천들을 손질할 때 밤이슬도 귀하게 이용하였다. 마당 한쪽에 큰 키로 붉게 피는 칸나꽃도 밤이슬을 맞고 나면 그 붉은색은 더 선명한 색으로 꽃을 피웠다.

올해는 그 어느 해보다도 과일이 정말 풍성하다. 포도도 실하게 영글어서 나와 있다. 백로(白路)에서 추석까지의 시간을 포도순절(葡萄旬節)이라고 한다. 포도가 가장 달고 영양이 담뿍 담겨 익어서 나오는 때이므로 포도를 먹기 가장 좋은 때라고 한다. 과일로 피로 회복하는 좋은 때인 것 같다.

목련이 열리는 소리

노적봉공원을 한 바퀴 돌기로 하고 시작을 했다. 오른쪽으로 아니면 왼쪽으로 하다가 시작이 평평한 쪽인 오른쪽을 향해 걷기 시작했다.

얼마 걷지 않아 땅 밑에서 솟아오른 봄의 기운을 느끼고 볼 수 있었다.

나무가 우거져 딱히 양지라고 하기엔 햇살이 좀 부족한 것 같은데 땅 위엔 땅 이끼가 파릇하게 눈에 가득이 들어오도록 땅을 덥고 있었고, 이름 모를 풀들은 뾰쪽이 입술을 내밀었는가 하면 개나리 나무엔 물이 올라 꽃봉오리가 통통해져 있었다. 북쪽으로 향하여 걸어서인지 바람은 만만치 않게 매서워 귓불이 시렵고 장갑을 착용하지 않아 손도 시러웠다.

함께 걷는 이들도 모자를 쓰고 목도리로 꽁꽁 싸매고들 걷고 뛰고 있었다.

지난 겨울은 예상치 못한 채 일찍 찾아와 우리 서민들의 가슴을 철렁 내려놓게 하고 추위 또한 강추위로 우리를 꽁꽁 얼려 놓았었다.

그 세월이 어느덧 동지가 지나고 나더니 토끼꼬리만큼씩 해가 길어져 봄을 향해 우리 모두가 전력 질주하여 달려가고 있음이 곳곳에서 느껴지고 알게 하고 있다.

요즘 가물어서인지 우리나라 곳곳에서 산불이 많이 나고 있다. 그로 인해서 몇 십년 잘 길러진 나무와 그리고 집과 농작물을 잃은 사람들의 내용을 뉴스로 접해 들으면 안타깝기 그지없다.

노적봉공원도 숲이 우거져 그 속살을 볼 수 없을 정도로 잘 가꾸어져 있다. 요즘은 나무와 나무 사이를 통해 공원 안의 속살을 볼 수 있다.

가끔은 목줄을 한 개를 데리고 나무와 가지가 엉킨 곳을 다니는 사람을 본다. 무엇하려고 그 산 속까지 개를 데리고 가는지 물어 보지 않아 알 수는 없지만 단순한 개의 오물 처리를 하기 위한것이라면 조금은 생각해 봐야 한다. 한 사람이 시작하면 다른 사람도 따라서 할 것이다.

애완견을 기르고 싶은 사람이나 기르고 있는 사람은 개를 기를 때의 지켜야 할 사항들에 대해서 기준을 두거나 교육을 해야 하는 것이 아닌가 생각한다. 그리고 공원 곳곳에 현수막이라도 걸어야 할 것이다. 애완견하고 운동할 때의 예절이라던가 해서 말이다.

그리고 제일 시급한 것이 산불에 관하여 눈에 띄게 홍보를 해야 할 것이다. 요즘 우리 모두가 안전 불감증이 있어 나 혼자만이라고 생각을 깊게 하지 않고 행동을 한다. 남들의 인격을 높여주는 것은 좋은데 자기 자신을 하대하여 행동한다면 결국 그렇게 했던 모든 행동 상황은 모두가 함께 누릴 수 없는 상황으로 바뀌기 때문이다.

우리 안산시는 어느 시, 도보다도 녹지율이 높아 사시사철 시민들의 휴식처인 공원이 보기 좋게 잘 조성되어 있다. 이런 우리의 공원을 시민들 각자가 잘 관리해야 하고 잘 지켜야 한다. 결국 그것은 우리의 세금으로 관리가 되고 있으니 말이다. 공원 안의 공중화장실의 화장지 한 칸이라도 아껴야 한다.

주인 없다고 생각하고 누가 보지 않는다고 생각하고 누가 뭐라고 안 한다고 화장지를 둘둘 말아서 끊어간다. 그리고 세수하고 화장지로 물기를 제거하는 것은 생각을 해봐야 할 문제라고 생각한다. 우리 안산은 동서남북 어느 쪽을 가도 공원이 잘 조성되어 있다.

모든 시민들이 마음만 먹으면 걷고 뛰며 운동할 수 있는 공간이 확보되어 있다. 우리 안산 시민만이 누릴 수 있는 행복한 공간이다. 우리는 이 공간에서 봄이면 봄을 보고 여름이면 여름을 보고 가을이면 가을을 그리고 겨울을 보고하는 이 공간을 우리 각자가 잘 관리하고 지키고 해야 할 것이다.

관리를 해야 하는 사람들이 따로 있다고 생각하면 안 될 것이다. 이제 봄의 전령들이 우리 안산의 각 공원 안에 와 있다. 그 전령들이 해야 할 일들을 기쁘게 할 수 있게 해야 한다. 그리하여 하얀 목련이 열리는 소리를 우리 모두가 듣고 희망이 넘치는 봄을 두 손 들고 환영해 맞아야 한다.

방송

가뭄과 메르스로 늦봄의 끝자락을 어떻게 놓았는지 기억이 없이 여름 7월을 맞이한다. 장마가 다른 해처럼 6월 하순부터 와주었으면 하고 바라고 또 바라고 있어도 살짝만 왔다가 그냥 가버린다. 남쪽에만 비가 자기의 몫을 하고 있는 것 같다. 중부지방의 뿌리채소들이 물이 부족해서 영글지 않고 영글었다 해도 질기거나 크기가 크지 않다고 한다.

한해를 시작해서 반년을 보내고 이제 반년을 시작하는 7월이다. 별일이 없는 반년이 시작되기를 모두들 바란다.

작년엔 우리가 잊을 수 없는 세월호 사고로 TV 보기가 너무나 두려웠었다. 헌데 올해도 예기치 못한 아니 누구도 생각도 못했던 메르스라는 것으로 전 국민이 공포에 시달려야 했다. 방송매체가 많은 것은 우리의 모든 것을 속속들이 알려주어서 좋은 반면 이번 메르스에 대한 방송은 무서움을 더 들게 하는 것 같아서 TV가 전해 주는 내용들을 믿기 어려워 조금 아쉬웠다.

누군가가 브라질에 출장을 갔더니 당신 나라에 메르스가 있어서 행사가 잘 진행될 수 있겠느냐는 반문을 받았다고 한다.

우리나라의 의료기술은 선진국임에는 분명하다. 그럼에도 불구하고 믿음을 줄 수 없었다는 것이 큰 손실이라고 본다. 채널은 많은데 방송을 보면 좋은 게 없다. 방송마다 정치이야기를 하니 선택의 여지가 없다. 해서 보면 정치권은 매일매일 흠집 내고 서로 탓하면서 그것이 국민이 원해서 하는 것이라고 한다. 정말 우리한테 한 번이라도 물어보고 하는 것일까? 아님 그들이 물어보는 국민은 따로 있는 것일까? 우리나라 정치인들은 선거 때나 한번 볼 수 있다고 한다. 호주에서는 정치인들이 정말로 시민들을 만나서 많은 이야기를 하고 듣고 한다고 한다. 정치인들과 저녁때 야외에서 맥주를 함께 마시면서 나라 정치 현안에 대해서 이야기를 허심탄회하게 이야기한다고 한다. 그래서 국민의 목소리를 진정성 있게 전해서 되는 정치를 한다고 한다. 그저 부러울 뿐이다.

이런 저런 일로 모두들 의욕이 떨어져가는 더운 여름철에 방송을 보고 무엇인가 자랑스럽게 생각이 들고 의욕이 충만하게 생기는 방송을 보면 좋겠다. 방송에서 아주 없는 것도 아니다. 쌍둥이 삼둥이를 기르는 연예인 가족을 보면 기분이 좋다. 아이 한 명 기르는 것도 전쟁 같다고 하는데 쌍둥이 삼둥이를 훌륭하게 양육하는 것을 보면 정말 기쁘고 칭찬을 아끼지 않고 해주어야 하는 뿌듯한 마음이 든다. 많은 채널들이 저마다의 색깔로 방송을 해주면 좋을 것 같다. 국민들이 살아가는데 의욕을 갖게 하고 많은 정보를 주어 살아가는데 도움을 주는 방송들이 되었으면 좋겠다.

이제 하반기 시작인 7월이다. 장마와 잘 타협하여 알맞은 비를 내려주시길 모두 기원하고 메르스로 그간 못하였던 병문안도 다녀오고 시골에 여름 농사인 열매들을 따고 거두러 가야 한다. 일손이 많이 모자란다고 한다. 이제 많은 학교에서는 기말시험을 치루고 나면 방학이다. 우리들도 아이들과 함께 더운 여름 며칠간만 함께 방학으로 충전하여 시작하는 하반기를 야심차게 도전하는 것도 좋을 것 같다.

호모 킬러(Home Killer)

예로부터 사람은 사람을 잡아먹지 않는 것으로 믿어져 왔다. 물론 식인종이 있긴 했으나 그들에게도 문명이 들어간 후에는 그런 동물적 행위는 종식됐다. 인간을 호모 싸피엔스(이기적 인간)라고 불러왔지만 그동안 물질 만능의 사상이 인간정신을 교란시켜 호모 이코노믹스(Homo Economics) 즉 경제적 인간으로 타락시키더니 최근에는 호모 애니멀스(Homo Animals : 인간 동물)로 전락해 버렸다. 화가 레오나로드 다빈치가 말한(천사와 악마는 동일 인간) 주장이 생각난다.

다빈치는 어느 날 천사를 그리기 위하여 화구를 짊어지고 집을 나섰다. 제아무리 선한 사람을 찾아 그리려 해도 천사처럼 선한 사람을 찾을 수가 없었다. 그래서 다빈치는 천사 그리는 일을 포기하고 다시 집으로 돌아오고 있었다. 다빈치가 어느 시골 밭

길을 걸어가는데 밭들에 누워서 하늘을 쳐다보며 주먹을 빨고 있는 어느 농부의 남자아기를 발견했다. 그 아이야말로 다빈치가 찾던 천사와 같은 사람이었다. 다빈치는 그곳에 화구를 내려 설치한 다음 그 아기를 화폭에 담았다. 그리고는 그 아기의 어깨에 두 날개를 그려 넣었다. 다빈치는 그 그림의 제목을 천사라고 붙였다. 천사라는 그림이 세상에 나오자 많은 사람들이 앞을 다투어 감사하며 다빈치의 솜씨를 칭송했다. 그후 다빈치는 다시 악마를 그리기로 결심했다.

그는 살인마를 수용하는 형무소를 찾아갔다. 사람 일곱 명을 죽였다는 살인마는 인상이 찌그러지고 말버릇이 사나운 남자를 만났다.

다빈치는 살인마를 화폭에 그렸다. 그리고 머리 위에 두 개의 뿔을 그려 넣었다. 무서운 마귀가 되었다. 다빈치가 그림을 다 그려가지고 감옥을 나오려고 하는데 악마로 그린 그 살인마가 어디선지 본 얼굴 같다는 생각이 문득 들었다. 악마는 코 옆에 난 검은 점이 다빈치에게는 인상적이었다. 다빈치는 깊이 생각해 보았다. 자기가 처음에 천사라고 그렸던 그 어린아이의 코 옆에도 똑같은 점이 하나 있었다. 다빈치는 그 천사라는 어린아이가 악마라는 살인마가 동일인임을 발견했다.

그래서 다빈치는 천사와 악마는 동일인라고 말하면서 천사로 시작한 어린 아기도 후천적으로 잘못 교육되면 악마로 변할 수 있다고 강조하였다. 인간에게 교육이 얼마나 중요한 것인지를 말해 주는 위대한 교훈이다.

요즘 세상에 떠도는 말에 의하면 자식은 없고 사육자만 있으며 스승은 없고 선생만 있다고 개탄한다. 교육이란 말을 지금 우리가 쓰고 있는 지식전달 방법(Education)을 쓰지 않고(Train up)란 말을 쓰고 있다. 교육의 참 뜻은 아이를 기차에 태워서 목적지까지 데리고 가는 책임교육, 모범교육, 시범교육, 행위교육, 모방교육의 원칙을 말해 주고 있다.

오늘날 사회가 점점 더 무서워지고 있는 원인은 책임교육이 이루어지지 않는데 있는 것이다. 요즘 TV 방송 토크쇼를 보면 자기가 하고 싶은 일을 하기 위해 청소년기에 가출해서 아이돌 가수가 되었다든지 탤런트가 되었다고 하며 그것을 성공했다고 이야기한다. 인생의 기초가 없는 그들이 자기 분야로 가야 하는 길이 길어야 3, 4년 반짝할 터인데 마치 인생에서의 본인이나 가족 또는 사회 속에서 책임질 수 있는 성공인 양 부추긴다. 물론 몇몇은 성공의 대로를 갈 수도 있다.

어린 나인데 인기에 매달려야 하고 잠과의 사투를 벌여가며 경제적인 사람으로서의 역할이 아니라 돈 벌기에 눈이 어두워진 어른들의 놀이에 이용당하는 것이 안쓰럽다.

가진 자들의 겸손과 지도자들의 인격적 모범만이 무서워지고 있는 사회를 바로 잡을 수 있는 것이다. 유명한 교육가 페스탈로치가 하루는 길을 가다가 거지아이를 만났다. 때마침 페스탈로치는 가진 돈이 없었다. 그는 여기저기 호주머니를 뒤지다가 자기가 신고 있는 신발 끈에 은장식이 달려 있음을 발견했다.

페스탈로치는 그 신발 끈을 풀어 거지아이에게 주면서 열심히 살 것을 부탁했다. 그로부터 20년 후에 그 거지아이는 페스탈로치의 사랑에 감동을 받고 심기일전하여 훌륭한 사업가가 됐다. 그는 은장식 달린 구두끈과 많은 돈을 가지고 페스탈로치를 찾아와 서로 기쁨과 사랑의 상봉을 하게 되었다는 것이다.

인간의 밭에는 심는 대로 거두는 원칙이 있다. 사랑을 심으면 사랑의 열매가 자라게 되고 미움을 심으면 악한 열매가 자라게 된다.

해솔길 이야기

우리 동네는 온통 지금 봄의 향연에 푹 빠져 있다. 동서남북 어느 곳에 눈을 두어도 어여쁘고 아름다운 각종의 꽃이 피고 새싹과 새잎이 돋아나고 있는 것을 볼 수 있다.

꽃은 그 향기와 모양과 색의 조화에 아름답다. 그리고 나무에는 까만 몸통 사이로 뻗은 가지에 여리고 고운 잎을 내고 있다. 꽃과 함께 나뭇가지에 피고 있는 새순과 새잎의 색깔도 꽃과 조화를 절묘하게 이루어 뽐내고 있다.

며칠 전 서울의 친구한테 전화가 왔다. 반가움에 전화를 받으니 대부도라 했다. 사업하는 친구도 아닌데 무슨 일인가 싶었다. 그 내용인즉 대부도의 해솔길을 걷기 위해 왔다는 이야기였다. 걷기 동호회에서 전철을 타고 50여 명이 넘는 서울 사람들이 안산의 대부도를 찾았다는 것이었다.

걷는 동호회에서 대부도의 해솔길을 찾았다는 것에 친구의 전화가 무척이나 더 반가웠다. 많은 사람들이 움직이는데 임대버스를 타고 관광을 온 것이 아니라 버스 타고 전철 타고 해솔길을 걷기 위해 찾았다는 것이 무척이나 생소했다. 그러나 걱정되는 부분이 있었다. 도시락을 준비해 왔더라도 한 끼의 식사는 대부도에서 할 것이며 차라도 한 잔 마시지 않을까 하는 생각에서였다.

친구의 말에 의하면 도시락도 준비해 왔지만 역시 대부도의 칼국수를 먹고 가기로 했다는 것이다. 대부도의 칼국수 전문 음식점이 많이 있기는 하지만 맛난 집을 잘 찾아서 대부도의 이미지에 손상이 가지 않기를 바라는 마음이 있기 때문이다. 평소 알고 있던 전문 음식점을 몇 군데 소개해 주었다.

동호회 회원들과 해솔길을 걷고 난 후 식당을 찾아 식사를 하겠다고 하였다. 잠깐의 통화 속에 대부도 해솔길의 안내도 평소 조금 알고 있는 대로 하였다. 소나무 숲길 석양길 바닷길 갯벌길 등 더 많은 길이 있지만 생각이 급하게 나질 않아서 대략 빠르게 안내하고 전화를 끊었다.

대부도 해솔길은 어느 코스를 걷던지 다양한 풍경의 매력 속으로 빠지기에 정말 각기의 아름다움이 그득하다. 서울 사람들의 걷기 동호회에서 우리 대부도 해솔길을 찾아 주었다는 것은 앞으로도 대부도의 아름다운 자연 그대로를 계속하여 자랑할 수 있다는 것이다. 자연 원래의 모습 그대로의 자연스러운 오솔길을 걷게 하여 사람들과 자연과 친밀도를 높여 삶에 고단함을 내려놓고 갈 수 있는 곳으로 말이다.

우리의 대부도엔 아름다운 곳이 많다. 이제 정책적으로도 더 관심을 갖고 관광지로서의 면모를 갖출 때가 되었다고 본다.

관광지에는 먹고 자고 할 곳이 준비되어야 한다. 또한 교통편도 불편함이 없어야 한다. 버스도 이곳저곳을 경유하지 않고 가고 싶은 곳으로 바로 갈 수 있는 셔틀 버스도 준비되어야 한다. 대부도 해솔길을 다 걷고 식사도 맛난 식당에서 하고 버스를 두 번 갈아 타고 전철을 타고 서울로 간다는 친구의 전화에 뿌듯한 마음도 들었지만 아쉬운 생각도 들었다.

교통편이 잘 갖추어져 있으면 그 시간 안에 다른 곳도 들려서 갈 수 있는데 그렇게 하지 못함이 내내 아쉬웠다. 안산시가 브랜드상을 수상한다고 한다. 안산시가 브랜드상을 수상하기 위해 그간 많은 민관이 수고를 하였다. 우리의 보고 대부도를 더 잘 가꾸고 자연 그대로로 멋지고 아름다운 국내 유일한 관광 대부도가 되길 우리가 함께 생각을 해야 할 것 같다.

대부도의 오색등불

음력으로 윤삼월이 올해 두 달이 있어서인지 유난히도 지나온 몇 십년의 봄과는 많이 달랐다.

백화점의 봄옷도 매출이 되지 않아 상인들이 울상이라고 한다. 더불어 경기가 피부에 와 닿을 정도로 물가도 오르고 봄 아닌 초여름을 맞는 우리 서민의 심정은 말이 아니다. 겨울 지나자 바로 총선이다. 해서 전국이 그곳에 초점이 맞추어지는 동안 지구 안에서는 어떤 일이 일어나고 있었는지 잠깐은 잊은 것 같다. 계절의 변화가 단순히 심술 부린다고 생각하고 있지는 않는지 생각을 심각하게 해야 함에도 모두가 당장 먹고 사는 일에 매달리느라고 계절이 노여움을 타고 있다고 생각하지 못하고 있다.

우리가 지구를 위하고 우리의 후손들에게 물려줄 환경에 대해 계속 이야기를 해도 된다고 생각한다. 지구 생태계를 알려주기 위한 남극, 북극의 모습을 TV로 방송된 적도 있다. 많은 사람들이 그것을 보았을 것이고 실제로 봄이어야 할 달이 봄 없이 지나가고 초여름을 맞고 있다는 사실을 우리는 피부로 느끼고 알고 있지만 대안과 대책이 있기는 한데 모두가 개인과는 거리가 있는 일이라고 생각하는 것 같아 불안하다.

노벨문학상을 수상한 사무엘 베케트의 '고도를 기다리며'라는 희곡의 한 부분을 보자면 마른 나무가 한 그루 서 있는 황량한 무대가 나온다. 허름한 점퍼를 걸친 사람이 길 강가에 앉아 열심히 구두를 벗으려고 애를 쓴다. 그 곁에 낡은 연미복을 입고 때묻은 넥타이를 맨 사람이 나타나 기묘한 대화가 시작된다. 두 사람은 고도라는 사람을 기다리기 위해 온 것이다. 그 두 사람의 대화는 오늘이 토요일이라고도 하고 금요일이라고도 하며 한 사람은 목요일이라고도 한다.

두 사람은 모두 지금이 어딘지 정확히 며칠인지도 모른다. 그들의 대화 사이에서 흘러나오는 절망과 불안과 기대를 참아가며 그들은 시간을 보내기 위한 엉터리 같은 대화를 나누고 시시한 장난에 빠져버리기도 한다. 그러나 그들은 곧 다시 고도를 기다리고 있다는 의무감에 사로잡혀 그때마다 어두운 기분이 되는 것이다. 우리가 여기에서처럼 서로 다른 생각으로 기다리고 대처하는 것이 아닌지 생각해 보아야 한다.

누가 뭐래도 우리의 보고인 대부도를 낮 시간에 한 번쯤 가보면 안다. 봄이 없이 다가온 요즘 섭씨 28도를 넘나드는 쨍쨍한 대낮에도 대부도 방아머리에서부터 시작되는 상가를 한번 바라보면 그야말로 오색등불이 대낮의 햇님의 쨍쨍한 기운보다 더 빛나고 있으니 말이다.

우리가 말로만 그리고 환경을 외치는 사람만이 지구에서 일어나는 일에 관심을 갖고 지키고 하는 것은 아니다. 인류는 화석에너지 사용을 통해 빠른 산업성장을 이룩했다. 하지만 화석 에너지의 사용은 대기오염과 산성비 석유유출로 인한 오염과 지구온난화 등의 환경문제를 일으키고 있다.

또한 올해엔 몽골에서 날아오는 황사가 거의 없다시피 했지만 매년 봄이면 찾아오는 불청객이 바로 미세먼지를 포함하는 공기중 먼지는 대기오염을 일으키기도 한다. 가까운 이웃나라 일본의 대지진이 일어난 지 1년이 조금 넘어가고 있다. 우리는 안전불감증인 시대에 살고 있는지도 모르겠다.

우리 각자가 만성되어 있는 무관심에서 벗어나 관심을 갖고 현재의 위치에서 작게라도 몸소 실천한다면 눈가루를 뭉치면 큰 덩어리가 되듯이 조금의 관심을 환경에 대한 생각으로 함께 하길 기대해 본다.

올챙이묵

올챙이묵

옥수수는 여름철 음식으로 여러 종류의 음식을 만들어 먹는다. 가장 대표적인 것이 가장 쉽게 옥수수 잎을 벗겨서 큰 솥에 넣고 물을 조금 넣어 쪄서 먹는 옥수수를 들 수 있다. 옥수수를 찔 때 감자도 껍질을 제거하고 함께 쪄서 먹으면 옥수수 향과 감자 향이 어우러져 더욱 맛있다.

옥수수 한 자루 달린 옥수수는 따고 그 옥수수 대를 꺾어서 겉껍질은 벗기고 하얀 옥수수대 속을 꼭꼭 씹으면 달콤한 물이 입안 가득이 나온다. 그 달콤한 맛은 지금의 단 사탕 또는 달콤한 어떤 주전부리와는 비교도 안될 만큼 달고 맛있다.

옥수수 대에 따라 단맛이 많이 나는 것이 있고 풀맛만 나는 옥수수 대도 있다. 옥수수 대 속을 먹었던 때에는 단 것도 귀하여 그렇게 당분을 섭취하기도 했다. 그리고 옥수수 밭에 들어가면 옥수수 수염의 색깔이 참 예쁘다. 엷은 분홍색이 있고 노란색도 있다. 분홍색을 띤 옥수수는 아직 여물지 않은 것이다.

엄마 등에 업힌 아기인형라고 여기고 분홍색 수염을 인형의 머리칼처럼 예쁘게 땋기도 한다. 다음에 그 옥수수를 따러 가면 예쁘게 단장해 놓았던 옥수수 수염은 뭉쳐져 누렇게 되어 말라 있다. 그동안 옥수수는 잘 여물어 있는 것이다.

옥수수 먹을 제철이 되면 장마 비가 오락가락 한다. 이때에는 어른들은 옥수수를 많이 따서 알갱이를 맷돌에 갈아서 전분을 내서 올챙이묵을 만들어 먹는다. 올챙이묵은 여름철 별미라서 동네 사람들이 다들 모여서 옥수수를 따고 갈고 끓이고 하여 함께 만들어 먹는 음식이다.

깡통에 못으로 구멍을 촘촘히 낸 틀에 맷돌에 갈아서 끓인 옥수수 된 죽을 부어 찬물에 떨어지게 한다. 찬물에 떨어진 올챙이묵을 한 그릇씩 담고 그 위에 풋고추 썰어 넣은 양념간장으로 간을 하여 열무김치와 먹으면 그 맛이 일품인 것이다. 여름 내내 찐 옥수수를 밥 대용으로 먹으려니 그것이 싫증이 나서 올챙이묵을 만들어 먹은 것 같다.

올챙이묵은 깡통 틀에서 내려 찬물에 떨어질 때 그 모양이 올챙이 같다고 올챙이 묵이라고 한다. 옥수수엔 찰기가 없어 길게 국수처럼 모양이 안 되고 물방울보다는 조금 더 길게 떨어지는 모양이 올챙이처럼 생겨서 올챙이묵 또는 국수라고 한다.

6, 70년도쯤엔 우리가 지금처럼 부자로 살지 못할 때다. 농촌 산촌에서는 옥수수를 주식으로 삼았다. 학교에서도 급식으로 옥수수 죽을 주었다. 옥수수 가루에 물을 많이 넣어서 풀죽 같게 쑨 죽도 점심시간이면 서로 먹으려고 줄을 섰다. 가정 형편이 조금 좋은 집 아이들은 싸 가지고온 도시락을 옥수수 죽으로 바꾸어 먹기도 했다. 그러다 옥수수 가루로 가래떡으로 뽑아 배급하기도 했다. 또 얼마 후엔 옥수수 가루로 빵으로 만들어서 배급되어 꽤 인기 있는 옥수수 빵이 되기도 했다.

어려웠던 시절에 먹었던 음식이 요즘은 건강음식으로 대접을 받고 있다. 잘 가공 되어 우리들 곁에 맛있는 먹을거리와 건강식품으로 만들어져 있다. 그래도 우리들의 건강을 지켜낸 옥수수를 제철에 사서 껍질을 벗기고 삶아서 먹는 맛이 제일 좋은 것 같다. 삶은 옥수수를 냉동실에 저장해 놓으면 언제라도 제철의 옥수수 맛을 느끼며 먹을 수 있다.

4월의 노래

가곡 중에 박목월 작시의 4월의 노래가 있다.

목련꽃 그늘 아래서 / 베르테르의 편지를 읽노라 / 구름꽃 피는 언덕에서 피리를 부노라 / 아 멀리 떠나와 이름 없는 항구에서 배를 타노라 / 돌아온 4월은 생명의 등불을 밝혀든다 / 빛나는 꿈의 계절아.

목련꽃 그늘 아래서 / 긴 사연의 편질 쓰노라 / 클로버 피는 언덕에서 휘파람 부노라 / 아 멀리 떠나와 깊은 산골 나무 아래서 별을 보노라 / 돌아온 4월은 생명의 등불을 밝혀든다 / 빛나는 꿈의 계절아 / 눈물어린 무지개 계절아.

봄비가 아침부터 보슬보슬 내린다. 이번 주간은 우리가 어처

구니없는 일이 일어난 지 벌써 1주기가 되는 주간이다. 그간의 쓰라리고 아픈 일들을 어찌 말이 있다고 말로 표현할 수 있을까! 그 일이 있고 세상의 시간은 여전히 가고 또 오고 하였지만, 그 해 4월부터 지금까지 우리들은 그 엄청났던 일에 대해 생생하게 기억하고 잊지 않고 있다.

그 4월엔 봄꽃이 늦게 피기 시작하였다. 제주에는 벚꽃이 피었고 이제 안산에도 목련꽃이 고고하게 피었다 지고 벚꽃이 피려 할 때 그렇게 우리들은 그들을 보내야 했었다. 몇 날 며칠을 까맣게 밤을 새워가며 구조되는 TV중계 상황을 보고 또 보고 하여도 믿기지 않는 사실에 온 국민이 울고 또 울어야 했다.

우리 안산 시민이면 한 번이라도 진도 팽목항엘 안 간 시민이 없을 것이다. 처음 당하는 일이라 모두 우왕좌왕 하는 속에도 대한민국의 봉사단체들이 모두 나서서 슬픔을 당한 가족과 봉사자들을 보살폈다. 팽목항은 유난스럽게도 바다 물색이 묵은 보리쌀 씻었을 때 나오는 듯한 검고 뿌연 뜨물 같았다.

그 바닷물을 미동도 없이 하염없이 바라보고 앉아 있는 유가족을 보며 같이 울었다. 무엇을 어떻게 위로해야 하는지 아무도 몰라 말 한마디 못 건네고 그저 부둥켜안고 함께 울어줄 뿐이었다. 유가족마다 사연도 참 많았다. 특별히 외국인 부모는 아이를 잃은 그 안타까운 사연을 무어라 말로 다 전하지 못했다. 우리말이 서툴러서 더욱더 그랬던 같다.

슬픔과 함께한 그곳 진도에는 '노란 리본의 기적'을 기원하는 것 같은 유채꽃이 만발하여 있었다. 그리고 팽목항 그 산 언저리엔 유가족의 슬픈 눈물같은 퍼런 등꽃들이 피어 있었다. 산사람은 산다고 우리들은 또 세월 따라 먹고 입고 자고 살아가고 있다. 우리들은 얼마나 많은 세월이 흘러야 이 아픈 가슴을 놓을 수 있을까! 물론 자식 남편 아빠 엄마를 잃은 유가족들은 죽을 때까지 가슴에 묻고 살아갈 것 같다.

박목월 시인의 4월의 노래는 '젊은 베르테르의 편지를 목련꽃 그늘 아래서 읽는다고' 했다. 하지만 우리들은 4월이 되면 '이름 없는 항구가' 아닌 세월호 팽목항의 노래를 불러야 할 것 같다. 거리마다 많은 문구가 바람결에 펄럭이고 있다.

그 문구처럼 해년마다 4월이 되면 목련꽃 그늘 아래서 하늘에 별이 되어 있는 아이들에게 우리는 잊지 말고 편지를 보내야 할 것 같다. 별이 된 우리 아이들이 우리에게 4월의 희망 등불이 되어 우리와 늘 함께할 것 같다. '멀리 떠나와 깊은 산골 나무 아래서 별을 보노라 했다.' 하지만 우리는 늘 하늘에 있는 우리들의 별을 볼 것이다. 그래서 돌아오는 해년마다 4월은 빛나는 꿈의 계절로 회복되어질 것을 기원하여 본다.

우수(雨水)에 붙여

설 명절 즈음에 입춘이 있었다. 이제 대동강 물도 풀린다는 우수다. 우수란 눈이 녹아서 비나 물이 된다는 말이다.

겨울 시작이 춥지 않다고 하다가 겨울이 깊어질 때쯤 막판 강추위로 모두를 얼게 했다. 그리고 곧 평년의 일기로 돌아오는가 싶더니 다시 기온이 내려가고 눈이 날리기 시작해서 그 미끄러움에 교통사고가 몇 십 중 추돌사고가 났다고 보도가 되고 있다.

그뿐만이 아니다. 요즘 감기가 한번 걸리면 근 한 달을 간다고 한다. 병원과 약국엔 감기환자가 정말 많아 유명한 병원 근처 약국은 발 디딜 틈도 없이 북적인다.

올해 감기는 몸살까지 동반하고 있어 많이들 감기에 시달리고 괴로워하고 있다. 겨울이 시작되고 서너 달 동안 잎새 없는 나무와 회색빛 많았던 하늘 아래 정치, 경제, 사회가 모두 겨울 하늘을 닮은 회색의 시간들로 우리를 힘들게 하고 있었다. 이제 겨울의 끝자락에서 겨울이 힘껏 버티기를 하지만 자연의 순리 앞에서는 어쩔 수 없이 떠날 것이다. 이제 정말 겨울과 같이 우리를 힘들게 하고 있는 것들이 빨리 가기를 바란다. 그리고 새봄과 함께 모든 것이 새롭게 봄바람과 함께 오면 좋겠다.

옷깃 속으로 살짝살짝 스며드는 봄바람을 눈치 채지 못할 수도 있다. 겨우내 두꺼운 옷을 입느라 조금은 무뎌졌을 것이다. 그래서 닿을 듯 말듯 불어오는 봄바람의 촉감을 잊었을 수도 있지만 작년 봄의 기억을 더듬어 겨울 바람 끝자락 속에 숨어 있는 봄바람의 따스한 냄새와 살갗 솜털 위에 내려앉는 봄 향을 맞을 준비를 넉넉하게 하고 맞이해야 한다.

기온은 내려가고 눈발은 이리저리 날려도 좀 무엇인지 지루해져 있다는 생각이 들면 리듬이 바뀔 때가 됐다는 것을 우리는 안다. 그래서 절기가 있고 그것을 보고 계절의 오고 감을 알 수 있는 것 같다. 그 옛날에도 우리와 똑 같이 계절의 리듬을 느끼고 그것을 연구하여 절기를 만들어서 사용했다.

요즘 드라마 중에서 조선시대의 과학자 장영실을 다루고 있다. 드라마 내용을 보더라도 그 시대에 어떤 것에 대해 발명하고 연구한다는 사실이 주변과 환경이 정말 열악하였다는 것을 미루어 짐작하고도 남음이 있다.

지금의 우리나라 실정을 볼 때 우리나라를 둘러싸고 있는 강대국들로부터 자유로울 수 없는 모든 환경에서 어떤 분야이던 우리는 과학을 발전시켜 그것에 대응할 수 있는 힘을 길러야 한다.

누가 무엇을 하겠다고 하면 반대 아닌 반대로 일을 그릇치지 말고 일을 진행할 수 있도록 면밀히 검토하여 되는 쪽으로 가야 한다. 이런 것을 우리는 다들 안다. 하지만 당사자들이 그 입장이 되면 곧 잊어버리고 만다. 잊어버렸더라도 뒤돌아보는 시간을 통해서 누군가가 시작하면 점점 확대되고 그것이 옳다는 것이 확산되게 하여 모든 사람들이 흉내라도 내는 분위기를 만들었으면 한다.

겨울의 끝자락에 햇살이 품고 있는 봄기운의 따사로움이 이제 나른하게 한다. 나른한 기운을 힘차게 이기고 새싹과 초록 잎과 만개한 봄꽃들을 만날 날을 우수에 붙여 기다려 보자.

미루나무

아침 출근길에 신호대기를 하며 늘 바라보는 것이 있다.

운전자는 주로 왼쪽을 많이 보는데 혹 개인적인 습관일 수도 있다. 하여간 상록수길엔 요즘엔 많이 없어진 미루나무가 얼마쯤의 군락으로 심어져 높이 높이 하늘을 향해 우듬치는 뻗어 나가고 있는 중이다.

우리가 알고 있는 동요에도 미루나무 노랫말이 많이 들어 있다. 우리의 삶이 조금씩 풍요로워지면서 언제부터인지 길가 가로수들이 바뀌어 가고 있다. 하늘 향해 뻗어나가는 나무보다는 옆으로 퍼지는 잎이 풍성한 나무들이 그 자리를 많이 대신하고 있다. 우리 도시에 비교적 많이 가꾸어져 있는 가로수가 은행나무이다.

은행나무는 부잣집에나 한두 그루 재산목록처럼 가지고 있었다. 은행나무가 가로수로 선택되어 봄, 여름, 가을, 그 잎의 매력에 모두가 빠져 있을 때 은행은 또 한 번의 즐거움과 풍요로움을 우리에게 선사한다. 은행 알을 나무 밑에 나름대로 소복이 떨어뜨려 사람의 이기심을 자극하기도 하지만 지나다니다 보면 부자 같은 행복감도 우리에게 선사하기도 한다. 부곡동 이익 선생 묘역의 공원에는 봄이면 향기가 좋아 눈여겨보면 모과나무가 군데군데 있다. 모과나무에 꽃이 피어 그 향을 널리 널리 퍼지게 하고 추석 무렵이 되면 어른 주먹만한 모과가 나무에 주렁주렁 열매를 맺고 있어 보는 이로 하여금 또한 기쁘게 한다.

상록수 전철길 따라 쭉쭉 뻗어 있는 미루나무는 보는 이로 하여금 추억을 떠올리게 하고 늦은 가을까지 잎새를 떨구지 않고 보기 좋게 서서 전철 속의 칸칸마다의 각자 다른 사연으로 일상을 시작하고 마감하는 우리를 묵묵히 바라보고 마음을 아는 듯이 맞이하고 보내고 한다. 그리고 말없이 잎새를 흔들어 위로와 격려를 보내고 있다. 그것을 알아차릴 만한 여유가 있는 사람도 있을 것이며 무감각한 사람도 있을 것이다. 미루나무는 어느 나무와 비교도 안 되지만 상록수길에 잘 어울린다.

언제부터인지 가로수로서 소외 받고 있는 것 같다. 시골길에도 논둑 옆이나 작은 신작로에도 미루나무가 많이 있었다. 하지만 시골에도 요즘 미루나무 찾아보기가 어렵다. 하늘 높이 뻗은 미루나무 끝에 여름이면 뭉게구름이 걸려 있는 것을 보면 유년의 개구쟁이 생각을 떠올릴 수도 있는 우리의 감성을 가지고 있는 나무이다. 우리가 모두 어려웠을 때 함께 했던 미루나무가 이제 점점 사라지고 있어 아쉬움이 있다.

요즘 까치들은 아파트 주변의 들고양이들과 먹잇감을 갖고 서로 싸워서 들고양이들에게 먹잇감을 빼앗기지 않는 영득한 까치들의 보금자리도 미루나무 높은 곳에 있다. 잎새를 다 떨군 지금은 까치집과 미루나무 사이로 멀리 보이는 새파란 하늘 아래 평화롭고 행복한 우리 도시가 있다. 함박눈이 수북이 쌓이도록 온 날이면 눈밭 속에 멋지게 꿋꿋이 서 있는 것을 보면 더욱더 상록수길과 잘 어울리는 멋진 나무다.

원곡동의 축제

그새 노오란 느티나무 잎들이 길 위에 떨어져 쌓여가기 시작하고 있다. 깊어가는 가을에 여러 나라의 민속의상과 민속춤 그리고 그들의 생활문화를 볼 수 있고, 우리의 것도 보여주는 무대가 있었다. '시끌북적' 축제였다. 우리 동네에 터를 잡고 살아가는 이주민들의 문화와 우리의 문화를 여러 분야를 통해서 서로 나누는 축제였다. 특별한 격식 없이 시민 모두가 스스로 참여하여 진행된 축제는 진정한 축제 같았다.

다문화(多文化)는 여러 나라의 생활 양식과 그들의 풍습을 말한다. 같은 땅에 같은 하늘 아래 같이 호흡하고 살지만 특별히 그들의 문화는 우리와는 상관없고 또는 그것을 장려하는 단체들만이 함께하는 문화라고 여겨왔다. 하지만 그들의 문화는 이제 우리 곁에 함께 하고 있다.

그들도 이 도시의 구성원으로 살아가고 있다. 우리 땅에서 생산되는 모든 것을 함께 하고 있다. 의, 식, 주가 우리의 고장에서 해결되므로 이제는 우리가 더 많은 관심을 갖고 우리 도시의 구성원으로서 함께 해야 한다.

그러나 보통의 시민들은 그들과 어떻게 함께 해야 하는지 잘 모른다. 그들이 일하는 일터의 사람들과 그들이 살고 있는 주거지에서만이 그들과 함께 할 수 있다.

그들과 어울리고 함께 하려면 그들의 문화를 우리가 알 수 있어야 한다. 그리고 우리의 문화를 그들에게 보여주어야 한다. 그들이 우리의 문화를 보고 알려고 하면 많은 시간과 경제적인 뒷받침이 되어야 한다. 그들은 시간을 쪼개어 일하는 사람들이므로 행정적으로 꼭 그들이 해야 하는 일에도 짬을 내기 어려워하고 있다.

그래서 우리가 그들에게 다가가야 한다. 장(場)을 만들어 놓고 우리가 펼쳐 놓아 보이면 그들도 그들의 것을 보여주면 여기에서 또 새로운 문화가 형성된다고 볼 수 있다. 그들은 우리 동네 더 나가서는 우리 땅에 뿌리를 내리고 살려고 온 사람들이다.

물론 경제적인 것으로 왔다가 가는 사람들도 있지만 결혼해서 우리의 아이들을 낳고 살아가려는 사람들도 많다. 그들이 고향을 그리워하는 고단함과 향수를 달랠 수 있는 것도 이런 문화 교류의 장을 통해서 위로받을 수 있다고 할 수 있다.

원곡동에는 만남의 광장이 있다. 그곳엘 가기 위해 그 골목골목을 지나가다 보면 거기엔 이미 새로운 문화가 많이 자리 잡고 있다. 함께해서 만들어진 아름다운 문화가 자리를 잡으면 후대에도 물려줘도 자랑스러울 수 있지만 우리가 함께하지 못한 문화가 형성되어 후대에 물려진다면 하는 생각도 우리가 가져봐야 한다.

지난 주말 원곡동 만남의 광장에서 진행되었던 '시끌북적' 축제는 그들의 문화와 우리의 문화가 만나는 소중한 행사였다. 진행되었던 것보다 더 많은 각 나라의 문화를 만나볼 수 있는 장으로 만들어서 서로 소통의 창구로서의 역할도 기대해 할 수 있다. 만남의 광장엔 수많은 사람이 꽉 차고 넘쳤지만 우리가 평소 보던 행사장의 시민들처럼 많아 보이지 않았다.

우리가 다가가서 그들과 함께하고 그들의 문화도 우리 행사장에 이끌어 내어 함께 한다면 그들이 뿌리내리고 살아가는데 작은 도움이 될 것 같다. 우리 동네만의 다양한 문화가 어우러져 서로 화합되어 조화로운 모범적인 다문화 도시가 되길 기대한다.

자동차 뒤태

해가 길어져 저녁 7시가 넘어야 어둠이 이곳저곳에 내려앉기 시작한다. 날씨가 따뜻해져 마른 나뭇가지에 물이 오르는 것이 저녁 햇살에 어렴풋이 발갛게 보이기도 하고 조금 빨리 물이 오른 나무의 옅은 녹색 새순과 잎을 내고 있는 것도 보인다. 어둠이 내리기 시작하면 이제 크고 넓은 길, 작고 좁은 길 위에 자동차들은 불을 켜기 시작한다. 요즘은 어둠이 깔리기 시작하면 자동차들의 불은 자동으로 켜지기도 한다.

낮에 자동차의 전조등을 켜고 다니면 사고율이 낮다는 통계도 나와서 요즘 나오는 신차들은 대부분 낮이고 밤이고 운전자가 신경 쓰지 않아도 불이 켜진다.

차 종류가 정말 많다. 신호에 한 번씩 멈추거나 주행이 시작되면 자동차가 밝히는 불 그 모양은 멀리서 보면 참 멋지다.

고속도로에 차가 밀리면 멀리서 그 행렬을 바라보면 참으로 대단한 풍경을 만들어 내어 보기에 좋다.

사진작가들이 서울의 한강다리를 밤에 촬영하여 놓은 것을 보면 다리의 윤곽이 자동차들의 불 밝히는 그 모습을 통해서 달라 보이기도 한다. 자동차 길 위에서 보면 승용차들은 큰 차, 작은 차, 고급 차, 보통 차 그리고 화물차들도 대형, 중형, 소형들을 볼 수 있다. 운전자들이 목표로 하는 곳으로 가기 위해서는 운전자의 지시를 따라 차들끼리 서로 대화를 해야 한다.

대화는 앞차의 방향지시등(깜빡이)과 제동등(브레이크)을 통해서 서로 소통하고 진행한다. 우선 좌회전 우회전하기 위해서는 방향지시등으로 진행할 쪽의 등(燈)을 켜서 의사표시를 하여 진행한다. 그리고 신호대기를 하려면 제동등을 켜서 멈춤을 알려야 한다.

이때 제동등을 한번 보면 차종에 따라 다르고 고급 차, 보통 차에 따라 그 모양이 각양각색이다.

우선 외제차를 보면 그 모양이 다양하다. 그 중 잘 살펴보면 고양이 눈 같이 보이는 것이 있다. 그리고 대략 중소형 차는 동그란 모양의 고양이 눈 같이 보이는 것이 많다.

요즘 우리나라 신차를 보면 제동등의 모양도 다양하다.

안경을 쓴 것 같은 모양, 째려보는 모양, 그리고 휴대폰에서 볼 수 있는 이모티콘의 부끄러움을 나타내는 모양, 애교가 있는 모양, 틀에 박힌 네모진 모양. 그리고 눈을 크게 떠 호통 치는 것 같은 모양도 있다. 화물차와 대형 버스들은 대략 네모에 가까운 모양으로 불을 켜서 의사표시를 한다. 이렇게 수많은 차들의 뒤태에서 나오는 여러 모양의 방향지시등과 제동등을 우리는 늘 접한다. 이 많은 모양의 등을 앞에 놓고 또는 뒤에 두고 주행한다.

앞차에서 켜지는 불빛이 안경을 착용한 듯 근엄해 보일 때 그리고 째려보는 불빛이 눈앞에 보일 때 뒤차의 운전자는 생각이 달라질 수도 있다. 물론 운전자마다 다르겠지만 요즘 같이 차안에서 보내는 시간이 많은 현대인들에게는 그냥 지나칠 것만은 아니다.

애교 있는 불빛으로 뒤차 운전의 피로를 풀어줄 수도 있다. 그리고 양보했을 때 감사의 뜻을 전하는 애교의 불빛과 부끄러움을 표시하는 등이 켜진다면 모든 운전자들로 하여금 의사소통 잘되고 교통사고도 줄어들 것 같다. 그리고 차도 위의 모든 운전자들은 방향지시등과 제동등의 불빛 하나로 예의와 질서를 지켰다는 마음으로 행복해질 것 같다.

봄이 시작되는 날

TV에 봄이 시작되는 것을 알리는 봄꽃이 피었다고 한다.

그 꽃 이름이 복수초라고 한다. 원일초, 설련화, 얼음새꽃이라는 또 다른 이름을 가지고 있는 복수초는 영원한 사랑이라는 꽃말을 가지고도 있다. 이 꽃은 눈이 잘 녹지 않는 응달쪽에 눈을 헤집고 노란 꽃잎을 연다고 한다.

오늘이 입춘이라는 절기이다. 옛날 농사를 잘 짓기 위하여 일년을 24절기로 나누었을 때 바로 입춘이라는 절기는 농가에서는 농사를 시작해야 한다는 것을 알리는 절기로 비가 오면 만물이 소생하는데 도움이 된다 하여 반기기도 하였다고 한다. 헌데 어젯밤 하늘을 보았더니 달이 정말 둥글고 노랗게 떠 있었다. 음력으로 12월 15일이라서 그런지 달이 유난히도 밝게 떠 있었다.

올 겨울은 눈도 많이 내리지 않고 비도 많이 오지 않아 겨울 가뭄으로 곳곳에서의 화재 소식으로 안타까움을 자아내고 있다. 기상이상으로 여러 나라에서는 홍수와 눈사태가 일어나고 있는 것을 뉴스를 통해서 접하기도 하는 겨울이었다.

봄이 시작되는 것을 알리는 立春大吉(입춘대길)이라는 한자를 붓글씨로 크고 멋지게 써서 대문에 붙이는 것을 이때쯤이면 주택가에서 가끔은 아직도 볼 수 있다. 또한 대문양쪽으로 붙이는데 또 다른 한쪽에는 建陽多慶(건양다경)이라는 글을 붙인다.

춥고 긴 겨울이 끝났다고 하는 자축의 의미도 있지만 그것은 봄이 시작되는 것과 동시에 일년 동안 가족들의 건강과 농사의 풍년을 원하는 마음을 글로 써서 모두가 한마음으로 그렇게 되길 소원하고 기원하는 것과 그 글을 보는 이웃들과도 함께 하고자 했다. 대문에 써 붙인 글을 보는 모든 사람들도 그렇게 되길 원하고 바라는 마음이었으며, 또한 그 글이 모두의 마음을 모으는 소통의 한 모습인 것이다.

우리는 예전하고 달리 모든 사람들이 소통할 수 있는 것이 참으로 많다. 그중 인터넷이라는 것을 통하여 지구상의 구석구석을 마음만 갖고 있으면 모든 면을 눈으로 보고 소통할 수 있다. 이렇듯이 지구상의 안 보이는 곳과도 소통을 할 수 있다. 하지만 바로 옆에 있는 사람과 사람 사이의 여러 면이 소통 안 되는 것 같다. 오히려 각 자의 마음을 더 닫고 있는 것 같다. 소통이 잘 될 것 같은 그 첨단의 물건들로 인해 인권침해 또는 각자의 개인정보가 누설될까 하는 염려되는 면이 더 큰 것 같다.

立春大吉과 建陽多慶이라는 글을 대문밖에 써 붙여 서로가 한마음으로 바라고 원하는 마음을 모으는 소통의 글이었다면, 다가오는 명절엔 축하와 격려 칭찬이라는 단어로 소통의 명절이 되었으면 한다. 이즈음 졸업과 입학이 있어 그 어느 때보다도 소통의 단어가 필요하다. 봄이 오는 길목에서 서로가 바라고 원하고 빌어주는 단어로 마음을 전해 작게라도 소통해야 한다. 해서 건강하고 행복한 우리 모두가 함께 눈 속을 헤집고 나와 노란꽃잎을 터뜨린 복수초처럼 사랑을 전하는 한해를 맞이해야 한다.

정치인 출판 기념

봄바람과 더불어 장안이 오랜만에 활력이 넘친다. 2월 중순부터 책 출판 기념회로 예술의전당이 북적거리는 것을 보니 참으로 좋다. 큰 공연장이 시민을 위해 좋은 만남의 장소가 되는 것도 정말 좋다 큰 예술공연으로 시민들을 만나게 하고 소통하게 하는 것은 아니지만 안산에 큰 공연장이 있어 어떤 형식이든 간에 시민들을 모이게 하고 소통하게 하는 것은 바람직한 일이다.

하지만 언제부터인지 정치를 하려면 꼭 책을 출판하고 기념식을 한다. 시민들에게 다가가려는 노력의 일환으로는서는 더 없는 정말로 반가운 일이다. 물론 책엔 저자의 평소 생각과 소신을 밝히는 일은 많은 시민들이 읽음으로서 어떤 정치인이 어떤 생각으로 시민들과 함께 하려고 한다는 것을 알리고 알 수 있는 좋은 방법이다.

평소 지역에 음지와 양지를 알고 소신 있는 정책을 갖고 시민들과 호흡하고자 하여 글자화하여 책을 출간한 저자도 있지만 그와는 무관한 급조된 내용으로 책을 출간한다.

남들이 해놓은 일을 마치 자기가 한 것처럼 책을 출간한 것 등은 무엇인가 잘못되었다는 생각이 든다. 안산이 태동된 지 30년의 젊디젊은 청년의 도시이다. 그것 뿐만 아니다.

지금은 디지털 문화의 시대이다. 이런 일은 손바닥으로 하늘을 가리는 일일 것이다. 좀더 솔직하고 정직한 그리고 안산 시민들의 정서를 잘 알고 진실된 글과 진실된 생각으로 시민들에게 다가가서 우리의 살림살이를 대변하고 좀 더 좋은 생각을 갖고 잘살고 좀 더 이상이 높은 시민들을 만들고 그 시민들을 리드할 수 있는 열정을 쏟는 정치인들이 되었으면 한다.

2012년도 총선 땐 거리의 현수막 글이 여성들을 비하하는 글이 나붙어 그때도 글을 쓴 적이 있다.

자기의 생각을 한 눈에 들어오도록 표현하여 자기 선전을 하는 문구가 올해는 많이 정화는 되어 있음을 볼 수 있다. 올봄 선거도 날이 가면 갈수록 뜨거워질 것이다. 자기의 생각을 함축하여 내건 짧은 글이 진실되고 우리 시민들의 마음을 움직일 수 있는 아름다운 문구가 봄바람으로 펄럭이길 바란다.

적어도 리더가 되기 위해선 많은 사람들의 생각도 중요하지만 소외된 시민들의 목소리도 들어서 정책의 한 부분으로 삼아야 한다. 소외된 사람들은 목소리를 낼 수 없다. 먹고 살기에 바쁘고 사회로부터의 약자의 입장에 있다고 보면 더욱이 그렇다.

요즘 뉴스를 보면 생활고에 동반자살이 눈에 띄게 보도된다. 아무리 좋은 제도가 있어도 약자의 입장에서 무엇 하나 움직일 수 없다. 우리 사회는 체면 사회이기 때문이다. 이런 점을 어떻게 개선하고 모두가 함께 잘 살 수 있는지를 연구하여 정책을 펴고 역설한다면 귀가 있는 시민들은 다 알고 지지할 것이다.

요즘 책 출판 기념회에서 여러 권의 책을 받았다. 물론 문학을 하는 한 사람으로서 씁쓸한 생각도 든다. 전문 글을 쓰는 사람들은 아니지만 적어도 남 앞에 자기의 생각을 내어놓을 땐 많은 시간을 갖고 글을 써서 엮어서 출간해야 된다.

노인과 바다를 쓴 어네스트 헤밍웨이는 500번이 넘게 고치고 다듬고 해서 책을 내놓았다고 한다. 수없는 생각으로 고민하고 다듬고 고치는 것을 수백 번해서 한 권의 책을 탄생시키는 글 쓰는 한 사람으로서 요즘 한참인 출판 기념회를 보고 정말 출판 기념회를 통해서 우리 시민들이 무엇을 알고 얻었는지를 많이 생각해 보고 또 생각을 해야 한다.

그리고 출마한 정치인들을 판단해야 할 것 같다. 우리 시민들의 분별력을 시험하는 정치인들에 대하여 우리 시민들은 올바른 분별력을 보여 주어야 한다고 생각한다.

우리는 지금 지구인으로 합격?

며칠 전 환경 글짓기를 심사하게 되었다.

글의 내용을 읽어보고 우리나라가 하루가 다르게 발전되어 감을 새삼 또 느껴 본다.

매년 해오던 환경 글짓기의 내용이 작년과 또 다르게 초등부 저학년에서 대학, 일반부에 이르기까지 지구의 온난화와 일본의 지진과 원전사고와 방사선에 이르기까지 총망라하여 환경이란 제목으로 글짓기가 된 내용엔 말로만 환경을 외치는 어른들과는 달리 환경의 작은 몫이라도 실천하겠다는 의지로 집도 아닌 기숙사에서 샤워기를 이용해서 머리를 감지 않고 물을 받아 놓고 감는가 하면 세탁기에 빨래를 하지 않고 베킹소다를 이용해서 손빨래를 직접하고 쓴 글도 있었다.

시골 외갓댁에 자주 가면서 길가에 보기 좋던 큰 나무가 음식점이 들어서는 관계로 포크레인에 밑둥이 파여 버려지는 것을 보고 새들의 집이 없어졌다는 슬픈 생각으로 글을 쓰고, 작년 여름 가족들과 지리산 여행 갔다가 부모님 몰래 김밥을 버려서 지리산이 아파했을 것이라는 반성의 글 등이 감동을 주었다.

또 환경교육의 중요성을 생각 깊게 해서 유치원에서 대학에 이르기까지의 애니메이션과 영화로 만들어서 교육해야 한다는 대안을 내놓은 중등부 학생들의 글도 있어서 우리의 후손들이 지구촌을 위해 큰일을 꼭 할 것이란 믿음도 들었다.

새집으로 이사를 가서 작은 에어컨은 버리고 더 큰 에어컨을 구입하려는 부모님께 이산화탄소 발생량을 이야기 하며 구입을 반대했었다는 이야기와 집에서 가까운 공원을 산책하자며 온 식구를 차에 태워서 이동하려는 부모님께 걸어서 가자고 했는데 결국 차를 타고 이동해서 산책을 하면서 우리 차에서 나오는 매연으로 지구가 얼마나 더웠을까 하는 내용도 있었다.

음식점에 가서는 음식을 너무 많이 주문해서 먹고 남았는데 아깝기도 하지만 음식물이 쓰레기로 버려지니까가 지구가 조금 더 더워지겠다는 속 깊은 이야기와 학교에서 소풍가는데 일회용 도시락을 싸주시는 어머니께 일회용 도시락이 아닌 예쁜 도시락통에 김밥을 넣어달라는 초등부 학생의 기특한 생각, 물론 어머니는 1회용 도시락은 먹고 버리면 자식의 가방은 가벼워진다는 자식을 생각하는 마음은 이해가 된다.

하지만 그 자식이 성장하여 살아갈 지구촌을 조금만 더 생각한다면 자식 앞에 부끄럽지 않은 어머니가 될 것이다. 또한 등하굣길에 버스를 타고 창밖을 보면 옆 차선 차에서 담배에 불도 끄지 않고 버리는 운전자들을 본 일과 집 앞 공터에서 공차는 어른들이 맥주 마시고 캔을 치우지 않아 쓰레기와 함께 이리저리 나뒹군다는 읽기조차 민망한 글짓기의 내용들이다. 1만년 동안 기후변동 없이 안정적이던 지구에서 1세대도 안 돼서 기후변화가 일어나고 있다고 한다.

그것은 산업혁명 이후에 지구의 온도가 섭씨 1℃ 가량의 평균온도가 상승했기 때문이라고 한다. 그 1℃ 때문에 킬리만자로와 히말리아, 알라스카, 알프스의 만년설과 빙하들도 사라지고 있다는 것이다. 지구를 구할 시간이 8년 남았다고 2007년 당시 IPCC(유엔 정부간 기후변화위원회) 발표하였다.

다가오는 2015년을 정점으로 온실가스 배출량을 대폭 감소시켜야 한다고 한다. 우리나라는 2004년 기준 이산화탄소 배출량 10위국이다. 그동안은 개발도상국으로 분류돼 온실가스 감축 의무가 없던 우리나라도 2013년부터 의무국으로 된다고 한다. 이산화탄소 배출로 지구의 온도가 계속 높아지면 섬나라들이 물에 잠기는 변화와 사막 지역은 더욱 사막화가 되어가고 바닷물은 오랫동안 일정한 방향과 속도로 순환하여 균형과 기후 유지를 이루고 있었는데 바닷물의 온도와 염분의 농도가 달라져서 해류의 순환이 멈추게 돼 기후변화가 오고 물 부족과 생태계에 대혼란이 일어나는 대재앙이 일어날 수도 있다고 한다.

이렇게 발표된 공식적인 지구온난화에 대해서 피부로 느끼고 현재보다 조금 더 관심을 적극적으로 가져야 한다. 우리 주변과 이웃들이 알고 있는 삶에서의 기본을 잘 지키고 우리 개인이 할 수 있는 작은 생활양식을 실천으로 옮겨 환경에 큰 변화로 지구를 식히는 일에 동참해야 한다. 냉난방에 에너지가 제일 많이 소비된다고 한다.

겨울엔 온도를 낮추고 내복을 입고 우선 올 여름부터 에어콘의 온도를 몇 도만 높이면 된다. 그리고 대중교통을 많이 이용하고 가까운 거리는 걷거나 자전거를 이용하고 요즘 많이 하는 전기 플러그 뽑기 등을 더 활성화하고 적게 먹고 적게 쓰고 안 입고 안 쓰는 물건은 이웃과 나누어 입고 쓰고 재활용하면서 적극적으로 참여 한다면 글짓기에서 학생들이 지적한 모범이 되어주지 않는 어른들에서 환경 모범의 어른들이 될 것이며 요즘의 환경을 생각하는 지구인으로 합격일 것이다.

예술제와 축제

하늘이 푸르고 높고 높다. 주변 환경도 푸른 하늘처럼 푸른 삶의 모습들을 예술과 축제라는 것을 통해 가을걷이를 한다. 삶이 여유롭고 윤택해짐에 따라 더욱더 많은 예술을 통해서 또는 축제를 통해서 주변이 변화하고 달라지고 있음을 알 수 있다.

우리 도시에서도 매년 축제와 예술제는 곳곳에서 크고 작게 열리고 있다. 예술제와 축제에 대해 그 뜻을 이해하자면 예술제는 음악, 연극, 무용, 미술, 문학 등을 공연하거나 전시 발표하는 것이라고 한다. 그리고 축제는 어떤 대상이나 분야를 주제로 하여 벌이는 큰 행사를 말한다고 한다.

예술제는 그 분야의 예술인들이 주체가 되어 그동안 갈고 닦은 것을 그 장르에 평소 관심이 있고 좋아하는 사람들과 함께 하는 시간을 갖는 것이다. 그리고 축제는 대상이 되는 것에 함께 참여하고 즐기는 것이라고 한다.

하지만 축제와 예술제를 보통 동일시한다. 조금만 관심 가지고 보면 확연하게 차이가 난다. 우리 도시는 문화예술회관을 가지고 있다. 그만큼 우리 시민들이 문화예술에 관심이 많다고 볼 수 있다. 그리고 예술에 대한 목마름의 갈증을 해소하기에는 충분한 조건을 우리는 가지고 있다고 볼 수 있다.

우리 도시에는 많은 예술인들이 활동하고 있다. 예술인들이 발표할 기회가 예술제를 통해서 할 수 있다. 물론 개인이 할 수도 있지만 보통의 예술인들이 예술제를 통해서 발표하고 공연하려고 한다. 그리고 그 분야를 장려하려는 목적도 가지고 있기 때문에 많은 후배들을 양성하기 위한 대회 등도 같이 한다. 발표와 공연에는 많은 노력과 경제적인 것이 동반되기 때문이다.

여러 가지 어려운 조건 속에서도 예술제가 공연되고 발표되게 하여 많은 시민들로부터 호응과 박수를 받아야 한다. 그래야 예술인들도 긍지를 가지고 예술활동을 활발하게 할 수 있다. 예술인들은 예술가다. 기획하여 전시하고 발표하는 것은 그 분야에 전문적인 사람들이 해야 예술을 더 빛낼 수 있다. 그래야 예술제다운 예술제를 통해 시민들로부터 관심을 가지게 하고 참여하게 하여 박수를 받을 수 있다.

시대가 많이 변하고 있다. 예술인들도 시민들의 눈높이에 부흥해야 한다. 예술인 어느 단체 또는 어느 개인의 생각으로는 예술제를 열어 시민들에게 참여하여 이해하고 감동해 달라고는 할 수 없다. 예술인들도 전문가다. 그러므로 예술제도 전문가들이 하게 하여 많은 시민들이 참여하여 이해되고 감동되어 응원의 박수를 받는 예술제가 되어야 한다.

요즘 골목마다 특성 있는 문화가 있으면 그것이 대상이 되어 축제를 한다. 음식축제가 있는가 하면 다문화 축제 등 다양하게 많은 제목으로 축제가 열리고 있다. 시민들이 살고 있는 그곳이 바로 축제의 장이 될 수 있다.

축제를 통해 이웃끼리 다양하게 소통도 할 수 있다. 참여하고 즐기고 다른 것을 인정하며 그것을 즐겁게 받아들이는 생각을 키울 수 있는 장인 것이다. 다양한 것이 축제가 되어 소통이 되는 것이 또한 이 시대가 지향하고 원하는 것이다.

하늘도 높고 두껍지 않은 더운 바람 속에 숨어 있는 상큼한 바람이 가끔씩 불어 주는 요즘 일기는 밖에서 활동하기 좋은 짧은 시기다. 야외에서 많은 가을 예술제와 축제가 낮과 밤에 열린다. 이런 기회를 통해 다양한 문화와 예술을 만나 생활이 더욱더 윤택해 질 수 있는 문화예술을 추수하여 봄직한 때다.

무궁화(無窮花) 꽃

언젠가 미국 LA를 방문한 적이 있다. 한인들이 많이 살고 있는 지역에 왕복 4차선 그 길에 우리나라의 88올림픽을 기념하여 무궁화를 심었다 한다. 그 중에 노란색의 무궁화 꽃이 피어 있었다. 다른 나라에서 무궁화 꽃을 보는 것도 남다른 생각이 들었는데, 헌데 무궁화 꽃이 노란색으로 피어 있어서 참 인상적이어서 아직도 그 노란 무궁화 꽃이 눈 속에 있다.

무궁화 꽃은 아욱과의 내한성 낙엽관목으로 인도, 중국, 한국 이렇게 분포되어 핀다고 한다. 한여름인 7월부터 피어서 10월까지 핀다고 한다. 100여 일 정도 계속 꽃을 피우므로 무궁화라는 이름을 가지게 되었다고 한다. 꽃은 홑, 반겹으로 색깔은 흰색, 분홍색, 빨강색, 보라색 등 다양하며 무늬도 여러 가지로 꽃이 피며 화려하다. 따가운 여름 햇살과 한판 승부를 하는 꽃이라서 푸르다 못해 검은 빛이 도는 진초록 잎 사이에 피는 꽃이라서 꽃은 더욱 화려하다.

요즘은 과학기술의 발달로 화훼에도 많은 변화가 생기고 있다. 그리고 식물원엘 가면 지구상에 있는 모든 식물과 꽃들을 한자리에서 볼 수 있다. 식물원에서도 무궁화 꽃을 볼 수 없다. 그리고 가정집도 집마다 화분 없는 집은 없다. 집에서 기르기 어려운 수종도 개량하여 많은 종류의 꽃나무가 가정에서 가꾸어 지고 있지만 무궁화 꽃이 화분에 심어져 가꾸어지는 것은 보기가 어려운 것 같다.

관공서에 가도 눈에 띄게 무궁화 꽃나무가 가꾸어져 있지는 않다. 그 도시의 상징인 꽃과 나무는 잘 가꾸어져 있는데 비해 나라의 상징인 무궁화 꽃은 잘 눈에 띄지 않는다. 무궁화 꽃은 여름 꽃이라 진딧물이 많이 끼고 번식해서 손을 많이 필요로 한다고 한다. 하지만 요즘 해충제가 사용하기 좋고 간편하게 개발되었는데 아직은 화훼농가에서 눈여김이 없는 것 같다. 어떤 이유가 있던 이제 과학의 덕분이라도 쉽게 무궁화 꽃나무를 화분에 옮겨 심어 가정에서도 가꿀 수 있으면 좋겠다.

우리나라 꽃 무궁화를 많이 접할 수 있는 기회는 요즘 8월 광

복절이 되면 무궁화 꽃 축제를 여러 곳에서 한다. 때가 되어서 관심을 가지고 축제를 하고 우리나라 꽃에 대해 공부하는 것도 중요하지만 벚꽃나무를 심을 때 우리나라 꽃 무궁화도 가장 중심이 되는 길에 가로수로 심어서 한여름이 시작되면 길에서 쉽게 볼 수 있는 꽃으로 가꾸어졌으면 한다.

우리나라 무궁화 꽃은 그 역사를 찾아보면 정말 깊다.

그 기록을 보면 가장 오래된 기록은 산해경(山海經)에서 찾아볼 수 있다고 한다. 이 책은 춘추전국시대에 저술된 지리서(地理書)라고 전하여 내려오는 문헌에 정리되어 있다고 한다. 이 책에는 "군자의 나라에 훈화초가 있는데, 아침에 피었다가 저녁에 진다(君子之國 有薰化草調生暮死)"라는 기록이 있다고 한다. 옛날에는 무궁화를 훈화초라고 불리어졌으며, 우리나라 땅에서 아주 먼 옛날부터 자리 잡고 피고 지는 뿌리가 깊은 우리나라 꽃이다.

영화 속의 이야기

영화 '국제시장'의 관람 수가 역대 흥행 3위인 '아바타'를 넘어설 것 같다는 평이 나오고 있다. 하루 평균 3만 명이 넘게 이 영화를 관람한다고 한다.

이 영화는 아버지의 말씀 한마디가 정말 예기치 못한 일로 평생을 살아가야 하는 가장이자 대한민국의 한 남자의 삶이 고스란히 그려져 있다.

1950년 한국전쟁부터 지금 현대를 배경으로 격변의 시대를 살아온 우리의 할아버지이며 아버지의 이야기다.

한국전쟁에서 흥남 후퇴를 계기로 부산에 살고 있는 고모댁을 찾아가 자리를 잡는 아버지 안 계신 한 가정의 가장으로서 뿌리내리는 나이어린 맏이의 그 어렵고 고된 여정을 영화를 통하여 보여 준다.

잃어버린 동생을 찾기 위해 흥남부두 배에서 내렸던 아버지를 대신해서 부산 피난지에서의 다섯 식구의 생계를 책임져야 하는 맏이 큰오빠로서의 막중하고도 무거운 삶이 시작된다. 남동생의 대학 등록금을 마련하기 위해 독일 광부로 가야 했었고, 여동생의 결혼자금을 마련하기 위해 또다시 월남 전쟁터로 떠나야 했었던 예기치 못했던 가장의 삶을 묵묵히 감당해 내는 그 시대의 가장의 모습을 보여준다. 예기치 못한 일에 굴복하지 않고 도전하여 감당해 내는 모습이 우리를 감동하게 하고 눈물을 흘리게 했다.

국제시장 영화처럼 가까운 시대에 일어났던 실제 상황을 영화의 한 장면 한 장면이 이야기되어 대형화면에 펼쳐지게 되면 우리의 눈과 마음을 감동과 희망으로 이끌고 간다.

영화 이미지는 카메라에 의해 채록된다. 카메라는 자연세계의 여러 국면을 임의로 선택해서 필름에 담아내는 것이다.

대상의 진면목을 보여주리라고 여겨지는 각도가 자의적으로 선택되고 맥락에 따라 때로는 멀리서 가까이에서 공간을 자신의 의도에 맞게 다양한 시점 숏, 클로즈업을 한다.

그래서 영화 속에는 늘 예기치 못한 일들이 벌어지게 하여 화면 속을 가득 메우게 하고 정해진 시간 속으로 우리를 몰입하게 한다. 하여 웃고 울고 가슴 벅차고 기쁘고 흥미진진하게 한다. 직접 가볼 수 없고 접할 수 없는 꿈같은 이미지들이 눈앞에 대형 화면에서 볼 수 있게 하기 때문이다.

흥남부두에서 군함에 사람들이 아우성치며 서로 타려고 애쓰는 모습이나 서독의 탄광 장면에서 탄광이 무너져 갇히는 장면 또 월남 전쟁터의 모습이 실감나게 사실처럼 화면에 펼쳐지는 모습을 보게 하여 관객들의 눈과 마음을 이끌고 다니다 막을 내린다. 영화를 본 관객들의 생각은 각자의 몫으로 남겨 놓는다. 그래서 많은 사람들이 영화를 보고 제작자가 의도하고자 했던 내용이 관객들과 소통이 되면 잘된 영화라고 한다.

영화의 기술을 통해 멀지 않았던 우리의 현대사를 '국제시장'이란 영화를 통해 그 시대를 살았던 우리의 할아버지 아버지는 감회가 많이 깊었다고 한다. 현대를 살아가고 있는 우리의 젊은 세대들은 전쟁이 무엇을 잃게 했으며 갈라놓았는지를 좀 더 많이 느꼈다고 한다. 윗 세대와 아랫 세대가 공감하게 한 영화 이야기로 우리는 우리의 현대사를 소통하고 있다.

아파트 눈썰매

아침 라디오 방송에서 눈썰매 이야기가 방송되는데 공감이 가면서도 마음 짠한 내용이었다. 살고 있는 아파트에 눈이 많이 내려서 아이들과 눈썰매장은 못가고 아파트 주변에서 눈썰매를 태워주려고 프라스틱 눈썰매 용품을 구입해서 태워 줬다고 한다. 헌데 삼십분 정도 끌고 다니면서 태워 줬더니 온몸이 쑤시고 아팠다고 한다.

때마침 친정에 김장 가지러 갔다가 친정아버지께서 몸살을 앓고 계셔서 웬일인가 하였더니 친정아버지는 아파트 경비를 하고 계신데 젊은 엄마들이 아이들에게 눈썰매를 태워 준다고 넓은 아파트 주변을 썰매를 끌고 다녀서 썰매로 다져진 눈을 떼어서 치우느라고 하루 종일토록 힘을 써서 몸살이 나셨다는 내용이었다. 딸도 다른 아파트에서 아이들 하고 놀아 준다는 단순한 생각으로 썰매를 태워 주었던 것을 매우 죄송하게 생각하며 몸살을 앓고 계시는 친정아버지를 보고 딸은 가슴이 아파서 쓴 편지였다.

방송을 들으며 우리가 썰매를 타던 때를 생각해 보았다. 우리는 추워지면서 얼음이 얼고 눈이 오는 날이면 정말 좋았다. 농촌에서는 논에 벼를 다 추수하고 나면 논에 있는 물을 다 뺀다. 하지만 두세 마지기(한 말의 씨앗을 뿌릴 만한 땅의 넓이)는 물을 빼지 않는다. 그것은 우리의 겨울철 좋은 놀이터인 썰매장이 되는 것이다. 논에 얼음이 언제 어는지 우리들은 학교를 오가며 눈여겨 본다. 그러다 성질 급한 개구진 남자아이들은 얼음이 얼었는지를 확인하려고 논에 얼은 얼음 위에 올라갔다가 얇게 얼은 얼음이 깨져 발이 젖기도 한다. 그러면 논두렁에 불을 놓아 양말과 운동화를 말려서 신고 집에 가기도 했다. 썰매를 만드는 일은 그리 어렵지 않았다. 어디서 구했는지 편편한 송판 조각과 둥근 나무와 굵은 철사만 있으면 됐다.

둥근 나무를 적당하게 잘라서 굵은 철사를 불에 달구어 둥근 나무 길이만큼 철사를 붙인다. 둥근 나무를 양쪽으로 놓고 그 위에 송판나무 조각을 얹어서 못질하면 곧 썰매가 된다. 그리고 썰매 꼬챙이를 또 만든다. 썰매를 혼자 탈 때 밀고 다닐 수 있는 지팡이인 것이다. 그리 굵지 않은 둥근 나무를 손잡이로 하고 그곳에 못 머리를 없애서 나무에 박으면 훌륭한 썰매 지팡이가 되는 것이다.

얼마 멀지 않았던 시절의 우리 아버지들께서는 썰매를 만들어 주시고, 나이든 형이 있는 집에서는 형들이 더 멋지게 만들어 주기도 했다. 그것뿐 아니다. 소나무에 혹 같이 달린 옹이를 잘라서 팽이를 만든다. 옹이를 깎고 잘 다듬어서 팽이를 만들고 그 팽이가 돌아갈 때 예쁘게 보이라고 빨간색과 파랑색 크레파스로 색칠하여 주시기도 했다.

그리고 가느다란 나무에 헝겊을 길게 매달아 팽이채를 만들어 주었다. 썰매와 팽이를 만드시는 아버지를 옆에서 지켜보는 것만으로도 정말 즐겁고 행복했다. 다 만들어지면 우리들을 꽁꽁 언 논으로 데려가 썰매 시승도 해주신다. 밀어도 주고 당신도 한 번 타 보시고 한다. 팽이도 돌려보기도 하신다. 그런 놀잇감을 만들어 주시고 가지고 놀게 했던 그 아버지들이 이제는 현역에서 은퇴하여 아파트 경비원을 한다.

새로워진 썰매 기구로 아파트 단지 내에서 겨울 놀이를 하는 딸자식 같은 젊은 엄마들과 손주 같은 어린아이들을 나무라거나 뭐라고 할 수 없는 자리에 있다보니 그저 지켜보고 다 놀고 간 뒤 바닥에 눌러 붙은 눈을 떼서 치우느라 몸살이 난 그 아버지가 이 시대의 아버지이다. 요즘 언론을 타고 있는 아파트 경비원이 바로 우리들의 아버지였으며 이 나라를 부강하게 만드는데 한 몫을 단단히 한 우리나라의 기둥들이셨다.

사태월싹

동지(冬至)

눈이 많이 내린 12월의 농촌은 해도 일찍 넘어간다. 오후 5시 쯤이면 벌써 해는 져서 어둠이 내려앉을 즈음이면 집집마다 굴뚝에서 하얀 연기들이 오르기 시작한다. 지금처럼 난방시설과 땔감이 풍족하지는 않았다. 물론 연탄이나 조개탄을 난방용으로 사용하는 집들도 있었지만 그런 집들은 몇 집 안 되었다.

많은 가정들이 나무로 땔감을 사용하던 시절은 다른 날보다 일찍이 굴뚝에 하얀 연기가 오르는 것은 팥죽을 쑤기 위해서 팥을 삶고 있기 때문에 굴뚝에서 연기가 오르는 것이었다. 저녁보다 조금은 일찍 시작해야 팥을 삶아서 채에 걸러서 부드러운 팥죽을 만들 수 있기 때문이다.

지금이야 좋은 주방시설에서 팥죽 쑤는 일은 일도 아니다. 하지만 군불을 집혀서 많은 양의 팥죽을 끓인다는 게 만만한 일은 아니었다. 요즘처럼 믹서기에 휘이익 갈아서 껍질 채 끓이면 좋으려만 굳이 그땐 팥을 푹 삶아서 채에 걸러서 팥죽을 끓였다. 팥죽이 지방마다 조금씩 다르다. 팥죽에 새알심을 넣는 곳도 있고 쌀을 넣어 끓이는 지방과 칼국수를 넣어 끓이는 지방도 있다. 그리고 새알심과 쌀을 같이 넣어 끓이는 지방도 있다. 팥이 지금은 풍족하지만 팥 농사가 별로 없던 그땐 팥도 귀해서 팥죽을 못 쑤는 집도 있었다.

팥죽 속에 들어가는 새알심은 찹쌀가루로 만든다. 찹쌀 농사도 그리 많은 때가 아니어서 새알심은 넉넉하게 넣지 않아 서로 새알심을 몇 개를 먹었는지도 관심이 되어 이야깃거리가 되기도 했다.

동지는 애동지와 중동지, 노동지로 나누어 불린다. 동짓날 하면 다 팥죽을 먹지 않았다. 그 달 초순에 동지가 들어 있으면 애동지라 해서 팥죽을 안 먹었다. 중동지는 보름부터 들어 있고 노동지는 그믐께 들어 있어 중동지나 노동지에는 팥죽을 끓여서 나누어 먹었다.

요즘은 죽집도 메이커 있게 발전되어 언제라도 죽을 먹고 싶은 기호대로 사 먹을 수 있다. 팥죽을 끓여서 뜨거울 때 먹어도 그 맛이 정말 좋지만, 살짝 얼려서 먹으면 그 맛은 누가 흉내도 낼 수 없는 참 맛있는 팥죽의 맛을 볼 수 있었다.

동지는 일년 중에 밤이 가장 긴 날이기도 하다. 가을부터 어느 날 저녁에 지는 햇살이 턱밑까지 왔다. 그런데 이제 동짓날을 기점으로 하지를 향하여 가기 때문에 햇살이 이마까지 다다르면 더운 여름이 시작되는 것이다.

옛날에는 동짓날을 작은 명절로 지내왔다. 동짓날이 지나야 나이 한 살 더 먹는 것으로 간주되기도 했다. 또한 팥죽을 사당에 올리기도 했다고 한다.

팥이 붉은색을 띠고 있어 붉은색의 의미를 가지고 의식을 행하였던 것으로 보인다. 우리가 개업할 때나 경사스러운 날에는 팥고물이 들어간 떡을 한다. 아마 붉은 색의 의미를 부여한 떡일 것이다.

올 동짓날이 음력으로 11월 12일(양력 12월 22일)에 들어 있다. 보름쯤에 가까이 들어 있어 팥죽을 끓여서 이웃과 나누어 먹어도 좋을 것 같다. 크리스마스도 함께 있으므로 케익 나누어 먹는 것도 좋지만 팥죽을 솜씨 있게 끓여서 식구들과 이웃과 함께 먹어도 좋을 것 같다.

달력

해가 바뀌면 책상엔 탁상 달력을 그리고 가정이든 사무실이든 벽에 붙이는 달력 하나쯤은 사람이 가장 많이 모이고 오래 머무는 곳에 단다. 작년 연말에 달력을 얻기가 녹녹하지 않았다. 불경기 탓에 각 사업체에서 달력을 예년에 비해 적게 만들었다고 한다. 달력 인심이 해마다 어려워지고 있다.

동네의 은행들에서 달력을 하나 얻기는 별 어려움이 없었는데 은행도 자주 가다 그 때를 놓치고 나면 그것 또한 얻기가 어렵다. 달력으로 세일즈 하던 때도 멀어져가는 것 같다. 증권사, 보험사에서 넉넉하게 준비해서 돌리던 것도 옛말 같다.

요즘은 달력이 휴대폰에도 내장되어 있어 그다지 종이로 된 달력이 필요하지 않은 이유도 있다. 휴대폰에는 각종 정보가 총집합되어 있다. 그렇지 않은 세대인 아나로그 세대의 사람들은 이 시대를 살아가면서 종이로 된 달력을 추억하며 살아야 할 것 같다. 그리 멀지 않았던 때에는 달력엔 인기 있는 여자 배우가 한복을 입고 맵시를 뽐내는 사진들이 들어있는 달력이 만들어져 나왔다. 그래서 그해의 가장 인기 있는 여배우들의 순위도 달력으로 알 수 있었다.

달력이 큰 종이 한 장에 열두 달이 함께 표기되어 있는 것도 한참 동안 나와서 많이들 사용했다. 그래서 집집이 벽에는 한 눈에 열두 달을 볼 수 있는 달력이 거실 중앙에 붙어 있기도 했다. 그리고 좀 부잣집엔 일별 달력이 있었다. 얇은 종이에 숫자가 크게 인쇄 되어 있고 음력도 표기되어 있어 많이들 선호했지만 그 일별 달력은 구하기가 쉽지 않았다. 보통 금은 보석상을 운영하는 곳에서 일종의 고객 서비스 차원에서 만들어져 단골 손님들에게만 전달되었기 때문이다. 어느 날 TV를 보다 북한의 생활상의 이야기를 들을 수 있었는데 요즘도 북한의 시골에서는 아직도 한 장에 열두 달이 표기된 달력을 사용한다고 한다. 그리고 달력 구하기가 어려워 지난 몇 년의 달력을 모아 두었다가 올해와 맞는 달을 오려 붙여서 사용하기도 한다고 한다.

우리도 그리 얼마 되지 않았던 때에는 도시 큰 회사에 취업한 자녀들이 회사의 달력을 몇 부씩 모아서 시골집에 붙여 시골집의 부모님들은 동네에 친한 집에 달력을 나누어 주며 자랑 아닌 자랑을 하기도 했다. 우리의 일상을 돕는 가장 필요한 달력의 나눔은 귀한 선물이다. 연말과 연초가 되면 달력뿐만 아니라 다이

어리와 수첩을 열두 달 내내 계획된 대로 모든 뜻이 이루어지길 바라는 마음을 담아 나누었다.

이제는 고급스러운 종이에 유명한 화가가 그린 그림이나 멋진 풍경의 사진이 달마다 넣어진 달력을 각자 기호에 맞는 것을 구입하여 사용하면 된다. 하지만 연말과 연초가 되면 달력을 넉넉하게 서로 주고받아 주변도 나눠줄 수 있는 인심이 없어지는 것에 아쉬움이 있다. 올 연말에는 경기가 회복되어 달력을 제작하는 사업체가 많아져 나눔에 부담 없는 선물로 주고받을 수 있게 되길 기원하여 본다.

어찌 되었건 집집마다는 달력들이 다 새것으로 묵직하게 걸려 있다. 토끼 꼬리만한 하루 햇살 속에 바삐 움직이며 보내고 나면 어느새 한 장의 달력을 뒤로 넘겨야 하는 때가 곧 온다.

달력을 한 장 한 장 넘길 때마다 모든 분들의 소원이 그 달에 바라고 원하던 것보다 더 많이 이루어지길 소망한다.

패권(覇權)

요즘 총선이 다가옴에 따라 방송과 신문 등에서는 그들이 하고 있는 모든 일들이 낱낱이 방송과 보도가 되고 있다.

그들이 하고 있는 그 모양들은 세월이 흘러 모든 것들이 첨단의 문화에 고급스러워지고 귀티나고 윤기가 나게 변하고 있는데 그들은 조선왕조 500년사에서 보여왔던 것하고 조금도 다름이 없다. 구태의연하기 짝이 없다. 어쩌면 첨단의 문화를 빌어서 더 못 보여줄 것을 보여주고 있는 것 같다. 당리당략에 떠밀려서 국민들이 바라고 원하는 것은 안중에도 없는 것 같다.

방송과 신문을 보다 보면 패권이라는 용어를 많이들 사용한다. 이 패권(覇權)이라는 말은 영어로는 헤게모니(hegemony)라고도 하는데 '어떤 집단을 주도할 수 있는 권력이나 지위이자 어느 한 지배집단이 다른 집단을 대상으로 행사하는 정치, 경제 사상 또는 문화적 영향력을 지칭하는 용어이다. 또는 지배집단의 리더가 영향력을 갖기 위해서는 다수의 동의가 필요하다는 내용으로, 이 용어는 본래 특정 고대 그리스 도시국가의 주변 도시국가에 대한 정치적 지배를 의미한다는 뜻이다.

이러한 내용을 담고 있는 이 패권이라는 용어가 국민들의 귀에 왜 거슬리는가를 그들이 모르지는 않을 터이고, 모르는 척하고 있다. 작은 가게나 사업체를 운영하는 주인이나 사업가들은 설 명절이 다가오면 어떻게 해서든지 직원들의 밀린 월급을 어디서 구해서 조금이라도 지급할 수 있나 해서 이리저리 뛰어다녀도 어려운 경제를 풀 길이 없다. 이 어려운 국민들의 형편과 사정은 안중에도 없다. 그저 그들은 패권을 얻기 위하여 우리가 낸 세금으로 세비를 받으며 패권 놀음만 하고 있다.

국회의원 수가 많다고 아무리 국민들이 이야기해도 귀를 막고 못 들은 척하며 자기들의 밥그릇 챙기기에 혈안에 되어 있다. 그들의 수가 많으면 많은 만큼의 많은 일을 국민들 삶의 질을 위해서 일을 해야지 이리저리 모여서 패권 다툼만 하고 있다. 어리석은 시민들의 생각은 이렇다. 너무 많아서 무리지어 할 일은 없고 그저 그들이 좋아하는 패권 놀음만 하는 것 같다는 생각이 든다.

그들도 정치를 하지 않았을 때의 국민의 마음으로 돌아가 보면 알 것이다. 자기들이 하고 있는 작태가 얼마나 국민들의 마음에 상처가 되고 있는가를 좋은 법을 만들어서 국민들의 삶에 희망이 되게 해야 함에도 그런 일에는 애시당초 관심도 없는 것 같다. 정치를 하면 국민들의 눈높이에 맞게 일하고 관심을 갖게 하고 보살펴야 한다. 적어도 보살피지는 못해도 건강한 생각으로 건강하게 나라 일들을 해야 한다.

정치하면 어려운 용어들을 사용해서 국민들에게 갑의 위치에서 무엇을 하려고 하는 것 같다. 모든 국민들이 수용할 수 있는 쉬운 용어를 사용해서 모두가 공감되어 소통할 수 있는 정치를 해야 한다. 정치하는 사람들은 말은 참 잘한다. 그 말들이 건성 아닌 실제로 우리의 피부에 와 닿게 일하는 것이 그들이 할 일이다.

요즘 총선에 나가기 위해 사무실 개소식을 심심치 않게 하고 있다. 우리도 정말 나라를 그리고 우리를 위해 일할 사람을 잘 선택해야 한다. 그들의 싸움질과 패권 놀음은 우리로부터 시작되었다고도 할 수도 있다. 결국 그들을 우리가 선택했기 때문이다. 설 명절날 모두 모이면 한 번쯤은 의논하고 생각해서 이번엔 참 일꾼을 잘 선택해야 향후 4년 동안 우리 모두에게 희망이 보일 것이다.

해피니스(happiness)

카톡에 살고 있는 곳 뒷산에 산책 갔다가 봄을 보고 봄님을 선물합니다, 하고 낙엽이 수북이 쌓여 있는 곳에 수줍은 듯 꽃망울이 한 잎 핀 가지와 그 옆으로 꽃망울이 달린 진달래꽃 나무 가지 사진을 보내 왔다. 신기하기 그지없다. 그 산 속에서 어느 사이 전령들이 달려가 봄을 주고 갔는지 꽃잎이 열리고 있다.

해년마다 꽃은 피고 지고 한다. 하지만 매번 작년의 기억은 저편에 두고 다시 피는 꽃이 새롭다. 마른 가지에 진분홍 꽃잎을 하나둘 삐죽이 내밀어 봄 인사를 건낸다. 그것을 보는 순간 마른 가지에 가득이 핀 진달래의 아름다운 색깔과 그 자태가 우리를 행복하게 한다.

요즘 SNS를 통해 모두들 봄을 맞고 있다. 세계적인 봄의 노래와 연주와 더불어 세계의 봄꽃을 다 볼 수 있고 들을 수 있다.

모두들 새봄을 향하여 눈과 귀와 살갗들이 줄달음 치고 있다. 화정천 옆을 지나다보면 수양버들 나무에는 이미 물이 올라 늘어진 가지에 푸른빛 기운이 완연하게 돌아 있다.

앞으로 몇 번이나 봄을 시샘하는 추위가 있을지는 알 수 없지만 길어지는 햇살이 간단하게 물리칠 것 같다.

행복한 마음의 바이러스는 이 봄과 함께 곳곳에 있다. 조금만 잠깐의 여유를 갖고 걷다가도 보면 발 아래 보도블록 틈 사이에 딱딱한 땅 껍질을 머리에 이고 올라오는 새싹을 볼 수 있다. 연약하기 짝이 없는 그 가녀린 새싹의 힘을 볼 수 있다.

힘의 논리로 말하기는 참 어렵다. 하지만 자연의 법칙에 따라 바람을 유혹하며 얼굴을 내민다. 행복이란 단어가 우리 가까이 있기 시작한 것은 얼마 되지 않는다. 그 뜻은 영어 happiness로 거슬러 올라가면 그리스어 eudaimonia를 번역한 말이라고 한다. 그리스어는 '선한 신'이 지켜 주는 마음의 평화 또는 평안을 의미한다고 한다. 또한 happiness는 '우연히 일어나다'라는 뜻을 가진 중세 영어 happ가 그 어원이라고도 한다.

평안과 평화가 마음에 있을 때 우리는 가슴으로 또는 머리로 그것을 생각하고 보거나 느끼고 행복하다는 것을 말로 표현한다. 행복한 봄을 맞는 것은 참 행복한 것이다. 해가 짧았고 눈도 내렸으며 추운 바람도 겨울 내내 왔다갔다 하며 우리를 움츠리게 했었다. 추위라는 것에 사로 잡혀 활발한 활동이 제한을 받고 있었다. 헌데 해가 길어지고 따뜻한 바람이 불어오면 모든 것의 활동이 활발해진다.

여린 새싹들이 땅속에서 올라와 얼굴을 내밀고 마른 가지엔 물이 올라 아름다운 꽃잎을 피우고 나뭇가지엔 나뭇잎을 내밀어 연다. 하늘은 구름 한 점 없이 푸르다. 그리고 알맞은 기온에 새싹과 꽃이 피는 그 찰나의 시간은 참 평화롭다.

그 시간이 언제 어디에 머물러 있어도 짧은 여유를 갖고 그것을 느끼면 행복하다. 주변에 널려 있는 행복(세 잎 클로버)을 보지 못하고 행운(네 잎 크로버)만 쫓으려는 생각을 우리는 하고 있다고 한다. 하루가 다르게 다가오는 이 봄의 속삭임을 듣고 날마다 행복한 시간 속에 빠져보는 것을 시작해 보자.

초복(初伏)

7월 13일 월요일이 초복날이다. 본격적인 더위가 시작되는 시기라고 해서 초복, 중복, 말복 이렇게 삼복더위가 시작된다. 이 삼복은 열흘 간격으로 우리에게 다가온다. 이렇게 한 달을 더위와 함께 해야 한다. 이 더위와 함께 하려면 싱싱한 과일과 삼계탕 등을 먹고 체력을 보강해야 한다.

삼계탕을 많이들 먹는 이유는 소화 흡수가 잘되기 때문이라고 한다. 삼계탕에는 인삼과 마늘이 많이 들어가서 체력 보강하는데 많은 도움이 된다고 한다.

인삼이 귀했던 시절엔 마늘만 많이 넣고 끓여도 훌륭한 보양식이 되었다. 햇마늘 많이 넣고 대추 몇 알 넣어 푹 끓인 국물에 삼베 주머니를 만들어서 그 속에 찹쌀을 넣어 끓여 만든 찰밥은 닭고기보다 더 맛난 밥이 된다. 찰밥에 오이지무침을 얹어서 먹으면 요즘의 궁중삼계탕, 한방삼계탕보다 더 맛있고 더 보양식이 된 것 같은 느낌으로 먹었었다.

하루의 일과를 모두 끝낸 해가진 저녁에 쑥으로 모깃불 지펴놓고 평상에서 식구들과 둘러 앉아 먹는 닭죽과 찰밥의 구수한 맛은 무엇으로도 비교가 되지 않을 만큼 맛있고 귀한 음식이었다.

우리 선조들께서는 이열치열(以熱治熱)이라고 더운 것에는 뜨거운 것으로 다스린다고 해서 푹푹 찌는 삼복에 펄펄 끓는 탕 종류로 체력 보강에 힘을 기울이셨다. 더우니까 찬 것을 많이 먹게 되면 몸이 차가워져 몸 온도의 균형이 깨지는 것을 보강해주는 의미도 있다. 그 옛날엔 삼복날엔 찬물에 목욕도 안 한다고 했다. 그것은 몸에 찬 기운이 들어 몸이 상한다는 생각을 했기 때문이다. 요즘 우리들도 찬물을 마시는 것보다는 미지근한 물이 몸에 좋다고 하는 전문가의 말을 들어본 적이 있을 것이다. 일맥상통하는 말이다. 아마도 우리 몸에는 찬 것보다는 따뜻한 것이 이로운 것 같다.

초복이 시작하는 때에는 멀리 계시거나 모시고 있는 부모님께도 그리고 주위에 계신 어른들께도 안부를 여쭈는 시기이다. 삼복더위가 시작되는 때 연로하신 어른들께서 무탈하게 더위를 이겨 내시기를 바라는 마음에서이다.

삼복엔 꼭 뜨거운 탕 종류의 보양식이 아니더라도 여름 과일을 많이 섭취하면 땀 배출량에 많은 도움이 된다고 한다.

수박엔 몸에 흡수가 잘 되는 과당이 들어 있어 더위에 지친 몸을 빠르게 회복시키는 역할을 한다고 한다. 또한 수분이 가장 많이 들어 있고 붉은색은 항산화물질인 리코펜이 들어 있어 우리 몸에 유해산소를 없애 주기도 한다고 한다.

올해는 더위도 일찍이 시작이 되었다. 장마가 왔다가 돌아갈 때가 되어 간다. 헌데 장마는 시작되었다고 하는데 아직도 중부 지방엔 비가 오지 않고 있다. 가물어서 얕게 뿌리내리고 사는 식물들은 말라 죽어가고 있다. 우리가 평소 사용하던 물을 생각해 가면서 사용해야 할 것 같다.

시작되는 삼복더위를 여름 과일과 뜨거운 음식으로 건강을 잘 지켜야 할 것 같다. 주위에 계신 어른들께 삼계탕 한 그릇 대접하는 시간을 가져봄도 좋을 것 같다. 이렇게 삼복더위와 잘 친하게 지내고 나면 곧 추석명절이 다가온다.

여성은 역사를 만든다

위대한 여성이나 성숙한 여성들의 이름 끝에는 ○○○ 여사(女史)에서 보듯 역사 '史' 자가 붙는다. 이 史자는 그냥 붙는 액세서리가 아니다. 다 여성의 공로를 인정하여 붙여주는 훈장격이다.

맹자의 어머니는 우리 동양 사람이라면 모르는 사람이 없다. 맹자를 그같이 훌륭하게 키우기까지는 한 여인으로서 수많은 고생을 감수한 희생적 결과임을 알 수가 있다. 서양 속담에 '하나님 다음으로 위대한 사람은 어머니'라고 했다. 그러나 사람들은 현대 여성들을 혹자는 이기적인 여성으로 매도하는 경우도 있다. 그 이유의 하나만으로 많은 현대 여성들이 자녀에 대한 과욕은 있으나 올바른 인간을 만들어야 한다는 역사적 의식이 결여되어 있기 때문이 아닐까 생각해 본다.

예로부터 나라가 어지러우면 충신이 생각나고 집안이 가난하면 어진 아내가 생간난다고 했다. 실로 가난한 가정을 꾸려나갔던 과거 우리들의 어머니들을 생각하면 훈장도 최고의 훈장을 드려야 마땅하다.

언젠가 한 젊은 아내가 교통사고로 식물인간이 돼 6년을 병원에 누워 있는 남편을 위해 하루도 빠지지 않고 그 옆에서 간병과 기도하면서 남편이 깨어날 것을 기다렸다는 이야기가 화제가 된 적도 있었다. 6년씩이나 식물인간이 된 사람을 무얼 바라고 기다리느냐, 팔자를 고치라는 등 말이 많았다.

그러나 그 아내는 그럴 수가 없었다. 자기는 젊은 여성이기 전에 아내이며 평생 친구라는 강한 의무감을 스스로 지킨 것이다. 이 세상에서 가장 강한 사람은 자신과의 싸움에서 이기는 사람이다. 그 아내는 6년 만에 남편이 의식을 회복하는 승리를 맛보았다. 이런 여인이야말로 분명히 역사를 만들어 나가는 여성임에 틀림이 없다.

우리 한국 여성들이 얼마나 위대한지를 알 수 있다. 1인 다역을 감당한다. 어머니, 아내, 며느리, 딸, 사회의 일원으로서 여성 등 여기서 한 가지만 소홀해져도 무서운 시선을 받게 된다. 옛날 중국에서 오나라와 월나라가 서로 원수로 싸우면서 존재했다. 어느 날 월나라 장군이 오나라를 침범하였다. 오나라 사람들은 모두 피난길에 올랐다.

월나라 장수가 오나라 피난민을 뒤쫓아 가는데 한 오나라 여인이 아이 하나는 업고 한 아이는 손을 잡고 도망치고 있었다. 다급해진 오나라 여인은 업고 가던 아이를 길가에 내려놓고 손목을 끌고 가던 여자아이를 업고 뛰어갔다. 이를 이상히 여긴 월나라 장수가 그 오나라 여인을 붙잡아 그 까닭을 물어보았다. 그때 오나라 여인은 이렇게 대답했다. '업고 가던 아이는 내 아들이고 손목을 잡고 가던 아이는 죽은 내 동생의 딸입니다. 내 동생이 죽을 때 나에게 그 딸을 부탁해서 내가 내 동생의 딸을 살리기 위하여 내 아들을 버렸습니다.' 월나라 장군은 오나라 여인의 의리에 감동하여 눈시울을 적셨다. 월나라 장군은 말없이 군사를 돌려 월나라로 되돌아갔다. 그 장군이 말하기를 '오나라에 저런 의로운 여자가 있는 한 우리의 무력으로는 그런 의인들의 나라를 점령할 수가 없다'라고 개탄했다고 한다. 한 여인의 지혜와 의리는 세상의 역사를 바꿔놓기에 충분하다. 여성들은 지혜롭고 슬기로우며 청렴하며 감성이 풍부하다. 21세기 지식 기반과 지방화 시대에 부흥하고 의식이 있는 유능한 여성 지도자들이 많이 나와 역사 '史'자의 주역이 되었으면 한다.

미술관 가는 길

꽃이 피기를 올해만큼 기다려 보기도 오랜만이다.

녹지율 70%가 넘는 우리 시 봄꽃나무는 어딜 가도 손에 잡힐 듯이 차도와 보도 사이에 즐비하게 정열하여 서 있다. 시내를 동서남북으로 자동차로 한 바퀴 돌면 진해 벚꽃놀이와 서울 여의도 윤중로 벚꽃을 보러 일삼아 가지 않더라도 화사하게 하얗게 핀 벚꽃을 눈 속에 가득이 넣을 수 있는 우리 시의 봄의 풍경이다. 우리의 일상 속에 조금씩 다가오는 지구의 지각변동으로 발생되는 일들을 우린 뉴스를 통해서 요즘 접하고 있다 해서 나무를 심는 것도 중요하다.

전철길 옆에 작은 공원들에 심어진 나무들을 보면 고추 모종 심듯이 각종 나무를 심어 놓은 곳도 있다. 나무는 한해가 다르게 커가는데 비좁아서 나무들이 팔, 다리를 어디로 뻗어야 할지를 봄비를 맞으며 걱정하고 있는 듯하였다. 나무의 종류도 위치에 따라 심어야 한다. 꽃나무와 관상용 나무가 마구 엉키어 심어져 있다. 어린 묘목을 심을 때 나무가 커나가는 키의 높이에 따라 나무를 심어서 모두가 어우러져 나름의 자연을 사시사철 볼 수 있게 해야 한다. 나무를 심고 가꾸고 꾸준하게 관리하는 것이 무엇보다도 중요하다.

하지만 자연은 있는 것을 그대로 유지하는 일은 더 중요하다. 넓고 쾌적한 공간의 공원엔 언제부터인지 시민의 편리를 위하는 것이라고 관공서 건물들이 자리를 차지했다. 많은 사람들이 잠깐의 편리를 위해 그곳을 방문하게 되면 우선 개인 자동차를 이용하게 되고 그와 더불어 편리적인 것을 제공하기 위해 각종 편리 시설들이 부가적으로 생기게 되고 그로인해 환경적인 요인이 발생하게 된다.

미국 LA를 방문한 적이 있다. 그곳의 대형 마트는 차를 타고 30분을 족히 가서 물건을 구매한다. 시민들이 꼭 필요로 하여 찾기 때문에 얼마든지 가능하다. 주차장도 넓고 주변 환경이 쾌적하여 쇼핑하는 것을 잠깐의 여행으로 여유 있게 한다.

지가(地價)가 가장 저렴한 곳을 선택하여 마트를 지었기 때문에 고객들에게는 질 좋은 상품을 저렴하게 제공하여 멀리서 오는 고객들에 대한 답례를 한다.

그것뿐인가. 관공서 건물들도 시내가 아닌 외곽 지역으로 지어 형평성 있는 도시계획도 될 뿐더러 자연을 훼손하지 않는다고 한다. 관공서와 대형마트는 시민들이 꼭 필요로 하기 때문에 시내 중심이 아닌 외곽 지역에 지어 대중교통 노선만 잘 준비하여 놓는다면 우리 안산도 가능하지 않을까 한다. 그런데 얼마 전 미술관을 개관하였다.

미술관 가는 길은 주말이면 유일하게 교통체증으로 인해서 꼼짝달싹도 못하는 곳 가운데 한 곳이다. 우리 안산이 사통팔달로 교통체증으로 밀린다 해도 5분이면 풀린다. 하지만 미술관 가는 길은 족히 20분이 넘어야 교통체증으로부터 해방될 수 있다. 그것뿐인가. 노적봉 산책로 쪽엔 나무를 자르고 언덕을 깎아서 미술관 가는 길을 만들었다. 산책로는 보통 운동할 목적으로 운동복과 운동할 신발을 착용했기 때문에 굳이 나무를 자르고 언덕을 깎아서 평평한 길을 만들 필요가 없다.

산책로를 통하여 미술관 가는 길을 이용하는 사람은 정장차림의 하이힐을 착용하거나 구두를 신지 않았을 것이다. 자연 그대로에 잡풀 정도만 제거하고 나무 사이로 오솔길을 만들어 놓고 걸맞는 안내 표지판을 걸어 놓았다면 운치 있는 미술관 가는 길이 되었을 것이다.

사람이 인위적으로 만든 그 어떤 위대한 작품보다도 하잘 것 없는 잡초 자연 그대로가 우리의 삶을 행복하게 하는데 역할이 더 크다는 것을 우리는 기억해야 한다.

봄의 창가에서

작년 마지막 가을 잎새를 떠나보낸 후에 집안의 큰 문들은 꼭꼭 닫고 그래도 틈새가 보이면 문풍지라는 테이프를 붙여서 밖에서 들어오는 찬 공기를 막았고, 유행하는 뽁뽁이 비닐을 유리창에 붙여서 집안의 따뜻한 공기가 못 나가도록 막았었다. 뽁뽁이 비닐은 어디든 웬만한 곳의 유리창이나 찬기가 느껴지는 벽에 붙여서 쏠쏠한 덕을 보았다.

3월 하순에 접어든 요즘 겨우내 따뜻한 공기를 잘 보듬어 주었던 고마웠던 것들을 이제 다 떼어내고 봄의 향기를 싣고 오는 바람과 햇빛을 집안으로 들여야 한다. 봄을 들이려고 창을 활짝 열면 솜털에 싸인 목련꽃 봉오리가 보인다. 눈으로 볼 땐 단단하게 보인다. 요즘 같이 기온이 올라 날씨가 따뜻해지면서 건물 앞에 서 있는 목련나무는 아침저녁이 다르게 그 단단해 보이는 봉오리는 신기하게 크기가 변하기 시작한다.

변해진 봉오리가 커진 것 같아서 올해는 언제 목련꽃이 잎을 열까 하고 기다리고 있을 때 어느 사이 봉오리는 따뜻한 봄 햇살이 가장 많이 머무는 나무의 중앙 부분 나뭇가지에 달린 꽃봉우리의 꽃잎이 열리기 시작한다. 짙은 밤색으로 쭉쭉 뻗은 나뭇가지엔 고급스러운 자태로 우윳빛 꽃잎을 살포시 한 잎 두 잎 열기 시작한다. 산에 오른 사람들은 진달래 꽃봉오리가 열리고 있는 소식을 사진 찍어 카톡에 올려주어 산에도 봄의 전령들이 와서 머물고 있음을 알려준다.

우리 곁 가까이 있는 목련은 우윳빛 꽃잎을 열어 고고한 봄을 선물하기 시작한다. 겨울에 내렸던 눈이 목련꽃 봉오리에 숨어들어 우윳빛으로 물들여 놓아 우아한 우윳빛 꽃잎으로 열리고 있는 것 같다. 창 넘어 몇 송이의 열린 꽃잎에 심술궂은 아직은 따뜻한 기운이 작은 바람이 지나가고 있을 때 파르르 떨리는 것이 수줍은 듯이 꽃잎을 다 열지 않고 있다.

목련꽃은 나무 줄기 중에 가운데부터 꽃잎을 연다. 그리고 나무의 아래쪽 맨 위쪽은 늦게 핀다. 다른 나무들은 어떻게 피는지 알 수 없다. 아파트 창가에 피는 목련은 늘 똑 같은 순서대로 꽃잎을 연다.

연일 봄이 어디쯤 와 있다고 뉴스를 통해 보도가 되고 있다. 남쪽엔 벌써 매화가 다 피고 지고 있고 섬진강변의 산수유가 피고 있다고 한다. 꽃들이 요즘엔 모두 함께 피는 것 같다.

기후의 변화 때문일 것이다. 하지만 좀 차례대로 우리를 찾아주면 좋겠다. 봄의 요정들이 한꺼번에 우리 곁에 오면 정신을 차려야 다볼 수 있다. 어쩌다 시간을 놓치기라도 하면 또 일년을 기다려야 볼 수 있기 때문이다. 햇살이 길어지면 준비하고 있던 봄의 요정들인 꽃들이 다 꽃잎을 열 것이다.

우리 동네는 꽃나무들이 많다. 수인선 도로에 얼마 있으면 개나리가 노랗게 물들인다. 봄의 창을 열고 보면 앞산 뒷산에 진달래도 만개하여 산허리를 붉게 물들이고 있는 것을 볼 수 있다.

개나리꽃 진달래꽃이 피고 흰빛 분홍으로 찾아올 벚꽃이 피면 우리 동네는 온통 꽃대궐 속에서 풍성한 꽃눈들을 만나서 또 많은 봄날의 추억을 만들고 행복해 할 것이다.

구월

왠지 구월 그러면 숫자 9월보다 한글 구월이 잘 어울릴 것 같은 계절의 구월이 시작되었다. 구월을 노래한 시도 많고 노래도 많다. 그중 대중가수 패티김이 부른 '구월의 노래'가 있다. 이 노랫말이 가장 많이 알려지고 가사도 많은 사람들 마음으로 공감하는 노랫말이다.

'구월이 오는 소리 다시 들으면 / 꽃잎이 피는 소리 꽃잎이 지는 소리 / 가로수에 나뭇잎은 무성해도 / 우리들의 마음엔 낙엽은 지고 / 쓸쓸한 거리를 지나노라면 / 어디선가 부르는 듯 당신 생각뿐'이라고 끝나는 1절의 노랫말이다.

여름은 아직도 가을을 다 못 만들었는지 대낮에는 한여름 더위를 그대로 유지하고 있다. 새벽녘이 되면 조금 찬 기운을 느낄 정도로 곡식을 익히느라 아직도 햇볕이 따갑다. 하루하루가 다가오면 올수록 추워질 날이 더 가까우니 햇빛도 더 맹위를 떨칠 수가 없다. 그래서 옛날 말에 봄볕에는 며느리를 밭에 내보내고 가을볕 밭일엔 딸을 내보낸다는 말이 있다. 더워봐야 며칠인 것이다.

입추가 지났다고 덥지 않을 것 같은 생각을 계속하면서 아직도 나뭇잎과 풀들이 청청한 것을 본다. 가로수들이 아기손 같은 잎으로 피어 어른된 건강한 잎으로 있다가 서서히 단풍이 들어 떨어져야 하지만 요즘 제 역할 다하지 못하고 푸른색을 띤 채 떨어지기도 한다. 자동차에서 내뿜는 매연으로 인해서 그렇다. 가로수로 심어진 은행나무를 자동차에서 잠깐 신호대기할 때 보면 나뭇잎들이 지난 계절의 가뭄으로 말라서 타들어간 모습으로 서 있는 것을 볼 수 있다. 은행 알을 품은 나무들도 그런 모습으로 가을을 맞이하고 있다.

또 한편으론 여름 달력을 넘기면서 이제부터는 시원하고 덥지 않은 계절이 계속될 것이라고 생각하며 기대한다. 하지만 구월이 오는 소리와 함께 가을이 잠깐 왔다가 살며시 가고 있는 것을 느끼며 어느새 우리는 추워진다고 하면서 눈을 기다린다. 더위로 잠시 잊어버렸던 사람들에게 짧은 가을 문안 메시지라도 한번 보내보면 좋을 것 같다. 가을이 되면 모두가 시인이 된다고 한다. 이 풍성하고 아름다운 계절 누구라도 시인이 되거나 수필가가 한번 되어 보는 시간을 가져보면 좋겠다.

화려했던 계절들에 일어났던 일들을 한 번 뒤돌아보며 내게 가장 필요했던 사람들, 그런 사람보다는 나를 늘 지켜보고 있는 사람 그리고 내가 좋아하고 싫어하는 것이 뭔지를 알고 내가 하는 말에 응원해 주며 칭찬해 주는 사람들에게 구월을 맞이해서 편지를 한 통씩 써서 붙여보는 계절이 되었으면 한다.

짧은 구월 따뜻한 커피 한 잔을 나누어도 그냥 서로 좋은 사람들이 되고 낙엽이 떨어지는 것 그리고 바람에 이리저리 나부끼며 날아가는 것을 보고 눈과 마음을 모아 이야기를 하면서 서로의 말 속에 진솔함을 담아 그것을 느끼면서 좋은 사람들로 햇살 가득한 창가 앉아서 느끼는 행복감을 갖는 것 같은 구월이 되었으면 한다.

대한(大寒) 추위

대한(大寒) 추위가 맹위를 떨치고 있다. 24절기 중 마지막 절기이다. 이제부터 새로운 절기가 시작된다. 보름쯤 있으면 벌써 입춘의 절기에 접어든다. 춥지 않은 겨울 탓에 백화점 등에서는 겨울 상품의 일부분을 세일해도 팔리지 않던 상품들이 추운 날씨 덕분에 찾는 사람들이 제법 있다고 한다.

어느 사이 해의 길이가 조금 길어졌다.

눈이 많이 오고 바람이 불면 그 추위가 정말 겨울다운 추위다. 겨울다운 추위가 있어야 땅 겉표면과 땅속에 있는 해충들이 얼어서 동사될 수 있다. 그래야 멀지 않은 시기에 새싹들이 땅 껍질을 머리에 이고 잘 올라올 수 있다.

물론 농경시대엔 추위도 때맞추어 추어야 했다. 그리고 눈도 적당이 와 주어야 봄 농사에 물 걱정이 없이 농사를 시작할 수 있어서였다.

하지만 그것도 옛말이다. 요즘은 댐도 많고 저수지도 많아서 물 걱정은 안 해도 된다고 하지만 가뭄으로 물이 없어 가두어 저장을 못하면 그것 또한 무용지물인 시설들이다. 겨울에 눈이 많이 와야 땅속으로 스며든 물이 가물었을 때 지하수라도 사용할 수 있는데 이 겨울도 눈은 오지 않고 미세먼지 가득한 바람만 불어 춥기만 하다.

눈이 좀 많이 와서 하얀 눈과 함께 기온이 내려간 추위가 왔다면 추워도 겨울 같은 추위를 느낄 수 있는데 온갖 쓰레기만 날리는 바람의 추위에 몸을 움츠리게 된다.

그 옛날부터 추위가 얼마나 대단했으면 추위를 작은 추위 큰 추위로 나누었는지를 가늠케 한다.

난방을 나무나 연탄으로 하던 때에는 오늘 이렇게 기온이 급강하되는 날에는 방에 자리기를 떠 놓으면 그것도 밤새 얼었었다. 그것뿐만 아니다. 집안에 빨래를 널어놓아도 밤새 빨래가 마르는 것이 아니라 꽁꽁 얼었었다. 나무를 땔감으로 사용하던 때에는 아버지들께서는 새벽에 슬며시 잠자리에서 나오셔 군불을 지펴서 가족들을 따뜻하게 잠을 재웠다.

가족들의 챙김도 있었지만 할머니 방의 따뜻함을 더 챙기려는 효성이 있었다. 아침이면 어머니는 아버지의 구두를 부뚜막에 올려놓아 따뜻한 구두를 신고 출근하게 하셨다.

요즘은 신발도 따뜻하게 잘 만들어져 나온다. 그래도 그것에다 더 따뜻하게 하는 것이 있다. 신체의 발바닥이나 본인 춥다고 여기는 곳에 붙이는 온열 팩이 나와 쉽게 추위를 이겨낼 수 있는 제품들이 많다. 추위에 대항하려는 수단이 정말 눈부시게 발전하였다. 난방으로부터 시작해서 의복과 기구들이 수천 가지로 발전하여 추위로부터 보호하고 있다. 털모자나 털장갑 조금 더 나아가 마스크 등이 겨울에 사용할 수 있는 최고의 계절 용품이었다. 그것도 이제는 옛말이 되고 자취를 감춘 지 오래 됐다.

손발이 시려우면 따뜻한 곳을 향하여 목적 있게 달려가던 것도 이젠 사라졌다. 길가 어느 빌딩이고 문만 열고 들어가면 따뜻하다. 이런 저런 문명의 발달로 편해지고 느려지는 것에 대해 우리가 어떻게 반응하고 진화가 될 것인지가 궁금하다. 대한 추위로 모두들 겨울다운 겨울이라고 하면서도 추위가 언제 풀리는지 일기예보를 열심히 우리는 보고 산다.

팽목항의 시퍼런 눈물

진도다리를 건너 진도체육관에 다달았을 때 가슴이 또 한번 철렁하고 내려앉았다. 발을 내딛는 순간 어떤 행동과 어떤 말을 듣고 어떻게 해야 하는지 다시 한 번 숙연한 마음을 더 가다듬게 했다.

진도체육관에서 셔틀버스를 타고 30분 정도 팽목항을 향하여 가는 동안 노란 유채꽃 색깔은 노란 리본과 꼭 닮아 여기저기 피어(하나의 작은 움직임 큰 기적을) 미풍에 흔들리고 있었다. 팽목항 얕은 산기슭의 등꽃은 우리의 마음인 양 시퍼런 눈물을 흘리며 쌀뜨물을 풀어 놓은 듯한 그곳을 향해 피어 있었다.

자원봉사, 과연 무엇을 위한 자원봉사를 했는지 반문하며 세계자원봉사 선언문 중에 기본원칙에 따른 자원봉사의 역할의 내용을 상기시키면서 우리의 봉사 의미를 한번 되짚어보면 한다.

(1) 집단 안에서 개인이 헌신할 수 있도록 격려한다.
(2) 조직의 목적, 목표 정책을 충분히 알고 지지하여 조기의 힘을 적극적으로 강화해 나간다.
(3) 각자의 적성과 가능한 시간을 고려하여 적합한 일을 맡아 이를 책임 있게 수행하도록 한다.
(4) 조직 내의 다른 구성원들과 상호이해와 존중을 통하여 협력해 나간다.
(5) 훈련을 받는다.
(6) 활동 중에 알게 된 비밀은 반드시 지킨다.

가슴 아프고 일어나서는 안 될 일이 일어나 수습 중에 있는 현실 속엔 또 다른 일들이 그곳 팽목항에서는 자원봉사란 이름을 단 각자의 실리와 명분을 찾으려는 듯한 봉사의 모습들을 볼 수 있었다. 활동 중에 알게 된 비밀은 반드시 지킨다는 항목에서 전혀 지켜지지 않을 뿐더러 많은 일들이 전후 정황과 상황을 정확하게 파악을 못하고 귀동냥을 통해서 알게 된 내용을 듣고 봉사 다녀왔다 하면서 이런저런 내용을 카카오톡이나 밴드 등에 올려서 정말 힘들게 거센 물속에서 일하는 사람들의 의지를 상실케 한다.

더 중요한 것은 실종되어 구조를 기다리는 가족들이나 희생당한 유가족들의 판단을 흐리게 하거나 오해할 수 있게 하여 그 초조하고 안타까운 시간을 더욱 더 아프게 한다는 것이다.

팽목항 현장에 있는데도 카카오톡이 와서 내용을 보면 전혀 근거 없고 확인되지 않은 내용이 전달된다. 이 어이없는 현실을 어떻게 설명하고 이해해야 하는지 도무지 알 수가 없다. 또한 봉사를 하고 돌아가서는 자기가 알고 있는 높은 사람들에게 불편했던 일들이나 역할들에 대해서 미주알고주알 보고가 아닌 일러바치기 식의 일로 봉사를 했다고 한다. 대한민국의 인구가 5천만이다. 모두가 다 한마디씩만 하면 5천 마디의 말이 된다.

결국 사공이 너무 많아 배는 산으로 갈 수밖에 없다. 봉사를 온 사람들은 대략 보면 리더들이다보니 자기식 대로의 봉사가 이루어지지 않으면 말이 된다.

그곳에서 처음부터 충분한 전후 사정과 상황을 파악하고 조직적으로 봉사하고 있는 사람들이 있다. 그 사람들과 소통하여 정말 죄송스럽고 가슴 아픈 현실을 직시하며 일손을 돕고 단 한 명이라도… 하는 마음이 진실이라면 입은 닫고 가슴은 열어서 참된 기도를 하는 것이 참봉사라고 생각한다.

꼭 그 자리에서 무엇인가 해야 한다고 하여 몇 시간을 달려가서 참여하는 것만이 봉사는 아니라고 생각한다. 진정한 봉사가 이루어질 수 있도록 말을 아껴야 한다. 그리고 근거 없고 확인되지 않은 일들에 대해서 옮기거나 퍼뜨려서는 정말 안 된다.

시간을 붙잡을 수만 있는 기적이 일어난다면 무엇을 바라겠는가 하지만 그곳 팽목항엔 아침이면 해는 뜨고 저녁이면 또 지고 한다. 아침이 오고 깜깜한 저녁이 올 때마다 애간장이 다 타들어가 녹아내리고 있는 실종된 가족분들이나 유가족들께 우리가 할 수 있는 일이 없다 해서 무엇인가 그분들께 도움이 되고 싶어 분연히 일어난 마음의 일들인 줄 충분히 모두가 안다.

이럴 때일수록 자원봉사의 기본을 우리가 지킬 수 있으면 한다. 꼭 자원봉사 교육을 받아서 알 수 있는 일은 아니다. 자원봉사의 뜻을 가진 어른이면 기본적으로 스스로 알 수 있는 일이다. 우리는 이렇게 의식 있는 봉사로 아직 구조를 기다리는 가족분들과 희생되신 분들 그 유족들에 아주 작게라도 위로가 되었으면 한다.

우리 대한민국 국민 모두가 바라는 일인 기적이 일어나길 오늘도 우리 모두가 하늘에 닿는 깊은 기도를 드려야 할 것이다.

대중문화

바야흐로 21세기의 대중가수의 무료 공연장은 어떤 모습인가. 그리고 분위기가 궁금하고 어울리고 싶은 생각에 저녁 7시쯤 전철에서 내려 올라가니 대한문 앞이었다. 경찰들이 예의 있게 호의적으로 호루라기를 불고 빨간 신호봉으로 질서를 유도했다. 벌써 발 디딜 틈도 없었다.

대한문 앞에는 줄지어 차례로 시민들이 앉아 있었다. 한쪽에서는 쌍용자동차 노조원들이 1000배의 절을 올리고 있었으며 또 다른 쪽에서는 다른 노조원들이 피켓을 들고 자기들의 이야기를 주장하고 알리기를 열심히 하고 있었다.

덕수궁 돌담길은 여전히 깊어가는 가을의 정취를 듬뿍이 안고 뿌연 가로등불 아래 사람들을 맞이하고 있었다. 공연과는 관계없는 양 깊숙한 팔짱을 하고 걷는 연인들의 모습이 어느 가수의 노래인 광화문 연가를 생각나게 했다.

우리가 학교를 다닐 땐 늘 전투경찰들이 골목골목을 막고 경찰버스가 길게 늘어서 있어서 광화문, 서소문, 소공동, 을지로 길을 돌고 돌아 약속 장소를 가기도 했었다.

정말 대단한 인파가 모여 있었다. 공연 시간은 3시간 정도 기다려야 했지만 밀거나 뛰거나 하는 시민들은 없었다. 누가 시키지도 않았는데 누군가가 앉으면 그것이 기다림의 줄이 되어 차례차례 앉는 것이었다. 아르바이트를 하는 학생들의 김밥 판매하는 모습도 예쁘게만 보였다.

야광봉과 야광 머리띠를 판매하는 분들도 소리를 내거나 떠들어 시민들에게 불편을 주는 광경은 볼 수 없었다. 역시 21세기의 대한민국 서울 시민들은 다르게 보였다.

외국인들도 능숙하게 우리말로 대화를 자연스럽게 하며 모두가 친숙하게 행동하고 질서를 지키려고 모두 모두 노력하는 모습이 정말 예뻤다. 그런 속에서 민망하여 어떻게 해야 하나 하는 생각에 마음이 막 헝크러졌다. 우린 줄지어 앉아 있는데 그 속에 함께 하려고 발을 내딛는 일부의 젊은 여성들의 치마인지 짧은 바지인지가 구분이 안 되는 차림으로 군중 속에 파고들었을 때 옆에 앉아 있는 젊은 청년에게 시선을 어디다 두어야 하는지 난감하여 시선을 피하고 가방 속에 무엇인가 찾는 척하고 고개를 숙이곤 하였다.

물론 젊은 여성들의 발랄함과 자기 표현을 어떻다고 하고 싶지는 않다. 다만 생각 있는 차림이었으면 하는 바래움이 있다. 표현의 문화에 숙달되면 아무렇지도 않겠지만 요즘 전철역이나 또는 사람들이 많이 운집해 있는 곳에서 젊은 여성들의 뒤만 따라다니며 일명 몰카를 찍어댄다고 한다. 좀더 생각이 있는 옷차림이 되었다면 모두가 그 발랄함의 표현을 요즘의 당연한 문화라고 받아들일 것이다.

세계적인 가수가 웃옷을 벗어던지고 이리저리 뛰며 그 많은 인파를 하나가 되게 하여 결집력을 세계에 자랑하는 시대가 아닌가? 지난 월드컵 대회의 4강 신화를 이루었던 그 광장에서 또 다른 대중문화로 9만 명의 시민들을 하나로 결집하고 그것을 온 세계에 전파하는 자리이다.

이런 자리에서 우리나라의 젊은 여성들의 옷차림새가 유행이 되어 세계의 패션을 주도하게 된다면 그것 또한 어떤 문화를 가져올지 모르는 일이기 때문이다.

방송사의 여성 아나운서들의 옷차림새가 유행을 선도한다고 한다. 뉴스는 앉아서 하니까 전신을 볼 수 없다. 날씨를 전하는 아나운서나 리포터하는 여성들의 차림새를 눈여겨보면 어쩌나 하는 생각이 든다.

꼿꼿하게 서서 진행하면 다행이지만 무엇인가에 대해 설명을 하려고 엎드렸다 일어났다 하면 그것을 시청하는 우리가 그 옷차림새에 신경이 쓰인다.

젊은 여성들의 옷차림새가 생각 있는 차림으로 새로운 문화를 만들었으면 한다. 누군가가 시작하면 된다. 우리의 세계적인 가수가 했던 것처럼 말이다.

역시 세계적인 가수가 공연하는 모습이었다. 그 자리에 모인 시민 모두가 일체감으로 그 대중가수가 한마디 한마디 말할 때마다 깊어가는 가을밤에 성도 이름도 모르는 그리고 남녀노소를 가리지 않고 빽빽하게 자리 잡은 나무숲을 연상하게 하는 자리 그것도 제자리에서서 잘 따라 춤추고 즐기며 행복해 하고 열광하는 모습과 뿌듯해 하는 모습에 알 수 없는 뿌듯한 행복감으로 대중문화를 즐겼다.

관광지 먹거리

가뭄으로 비가 오니 안 오니 하다 장마가 한 차례 왔다간 후 시간은 흘러 휴가철이 되었다. 연일 찜통더위로 온 나라가 떠들썩 하고 애석하게도 시골의 연세 높으신 농부들께서 한낮에 일하다 큰 변을 당하신 일이 보도가 되고 있다.

요즘 더위는 예전에 경험하지 못했던 더위 같이 느껴진다. 그것은 문명이 발달되면 될수록 더 그럴 것이다. 높이 높이 빌딩이 지어지고 그 빌딩에 걸맞은 환경을 만들다보니 흙을 모두 덮어 버렸고 바람길도 모두 막았기 때문이다. 현대인들의 깨끗하고 쾌적하게 편리한 문명의 혜택을 보는 댓가인지도 모른다.

발달된 문명이 가져다 주는 시원함이 자연에서 느낄 수 있는 시원함과는 비교가 안 될 것이다. 이처럼 도시의 서민들의 삶은 다람쥐 쳇바퀴 돌듯 일상생활을 한다.

여름 한철 휴가를 보내려고 나름대로 준비하고 준비하여 비용이 적게 들고 바다와 산이 있는 근교에서 휴가를 보낼 수 있는 관광지를 찾게 된다. 인터넷을 활용하여 관광지를 찾게 되면 안내된 곳엔 우리의 대부도가 있다. 거리도 서울에서 멀어야 1시간 안쪽이고 경치도 좋고 아름답다. 하지만 막상 같은 고장에 살면서도 대부도와 오이도, 영흥도 쪽으로 휴일에 가족과 회 한 접시와 칼국수라도 한 그릇 먹고 바닷바람과 포도 등을 먹으려고 차량을 이용해서 가보면 식사를 해야 할지 아님 차를 돌려서 시내에 가서 먹어야 할지를 참 많이 망설여지게 한다.

길이 막히면 먹거리라도 맛있는 집이 있어야 길이 원활하게 될 때까지 그곳에 머무를 수 있다.

망설이다 결국 음식점에 들어가서 음식을 주문하여 먹어보면 회는 비싸고 칼국수는 맛이 없고 해물전이라도 하나 더 시키면 해물은 말라 비틀어진 것 몇 개에 파잎 몇 개든 내용물은 왜 그리 두꺼운지 가운데는 덜 익은 전을 먹어야 한다. 조선족 동포들의 어눌한 말씨로 서비스를 받아봐야 교육이 안 되어 있어 친절을 찾아보기란 가뭄에 콩나듯 하여 그 쌀쌀함에 말 붙이기가 어렵다. 과일 값은 산지인데도 대형 마트보다 비싸다. 길이 원활하지 못하면 비교적 모든 서민들이 좋아하는 대표적인 음식 칼국수라도 맛있고 값이 저렴하면 먹고 좀 쉬어간다는 생각으로 기다릴 수 있을 것 같다.

헌데 그렇지 못한 사정이 인근 각처에서 휴가차 온 관광객들에게 같은 지역 사람으로서 미안한 생각이 든다. 시내에서도 칼국수가 맛있다 하여 문전성시를 이루는 바지락 칼국수집이 있는데 관광 명소라고 하는 우리의 대부도와 오이도 영흥도를 가고 오는 길엔 맛집이 없다. 지역경제 활성화는 관에서 서두른다고 되는 것이 아니다. 상인들 스스로가 자기의 몫을 해야 한다. 요즘 젊은 사람들이 좋아하는 테이크아웃 커피 전문점도 없는 것 같다. 나름대로 상인들에게 고충과 문제가 있겠지만 객관적으로 보았을 땐 그렇다.

시에서는 관광객을 유치하려고 해솔길이다, 어촌 체험마을이다 하여 연일 홍보와 문제에 대해 해결하고자 하는 것 같은데 그곳의 상인들은 어떤 생각으로 가고 있는지 궁금하다. 더욱더 맛집이 활성화되어서 좋은 이유는 아름답기로 벌써 소문이 난 아일랜드 골프장이 개장하여 손님을 맞고 있다. 운동하길 좋아하는 골퍼들이 전국 각처에서 몰려드는데 오가는 길이 협소한 문제는 해결이 안 되고 있고 그들의 소비를 담을 만한 맛집과 더불어 기념품 판매점 등이 준비가 되어 있지 않다.

얼마 전 소비자 단체가 조사하여 발표한 내용을 보면 펜션을 예약했다가 부득이한 사정으로 해약을 하면 소비자기준법을 지키지 않아 분쟁이 많이 일어나는 곳이 우리 고장이라고 한다. 녹색 해양관광 도시인 안산이 서해안의 관광의 중심이 되려면 보고, 먹고, 머물 수 있는 곳이 준비가 되어 있어야 한다.

그중 요즘은 먹거리 맛있는 집의 관광지가 최고일 것이다. 휴가철을 맞아 우리 모두가 머리를 맞대고 해결책을 찾아보아야 할 것이다.

사태월싹

봄철이 되면 많은 사람들이 주위 환경들의 여러 조건들로 인해 몸살 감기를 앓는다. 그리고 그 후유증으로 밥맛, 입맛이 딱 떨어져 어떤 음식을 보아도 먹고 싶다는 생각이 들지 않는다. 그렇다고 감기 앓은 김에 평소에 다이어트 좀 해야지 하고 있었던 것도 또한 잘 되지 않는다. 옛날 어른들께서 봄이면 쓴맛 나는 봄나물을 캐다가 어른들 밥상에 내어 놓으셨다. 그것은 쓴맛 나는 음식을 섭취하게 되면 미각을 돋우고 입맛을 되살아나게 하기 때문인 것 같다.

시골에서는 양력 2월쯤 되면 양지 바른 산비탈 밭에 가면 봄나물들이 여기저기 가만히 잎을 쫑긋이 세우고 마른 풀잎 속에 숨어서 여러 모양의 봄을 준비하고 있다. 그 중 씀바귀 잎이 검붉은 보랏빛으로 제일 눈에 띤다. 씀바귀는 뿌리를 주로 먹는다.

하나의 뿌리를 캐기 시작하면 줄줄이 딸려 나온다. 잔뿌리도 많다. 노란색을 띤 씀바귀 뿌리의 줄기를 캐다보면 재미있다. 그 주변에는 씀바귀와 비슷한 고들빼기라는 나물이 있다. 그 잎이 둥글고 검붉은 보랏빛인데 씀바귀 잎보다 더 짙은 색을 띤다.

씀바귀를 캐다가 고들빼기를 만나면 더 좋다고 생각했다. 그리고 그것을 캐는 것에 더 신나 했다. 어른들께서는 고들빼기를 더 선호해서 그랬던 것 같다. 겨울이 마른 풀잎 속에 웅크리고 앉아 있을 때 겨울을 모르는 체하고 캐낸 씀바귀 뿌리와 고들빼기 뿌리는 추운 겨울과 한 판의 승부를 하려는 사력의 기운이 뿌리에 남아 있어서인지 뿌리의 맛은 정말 써서 아이들은 먹기가 곤란했다.

하지만 어른들의 입맛을 돋우는데 훌륭한 역할을 한 것 같다. 씀바귀의 효능이 요즘 같이 분석되어서 항암 기능이 있었는지에 대해 그때는 관심이 없었던 것 같다.

더 좋은 것 같아 캤던 고들빼기는 뿌리가 잎에 비해 굵은 외뿌리로 땅속 깊이 묻혀 있어 캐기가 쉽지 않았다. 뿌리를 다 캐려다가 뿌리가 반쯤 잘려져서 캐는 것이 더 많았다. 고들빼기 뿌리는 잘 손질되어 갖은 양념으로 무친 반찬이 되어 아버지의 밥상에 올려지고 가느다란 뿌리의 씀바귀 뿌리는 할머니와 우리들의 밥상에 올려졌다. 고들빼기 뿌리는 튼튼하니까 더 쓴 것을 아버지가 드시는 것은 당연하다고 여겼다. 아버지의 힘은 쓴 것도 또는 다른 것도 다할 수 있는 분이라고 나름 생각했던 것이다.

쓴바귀의 뿌리가 비탈진 곳에 뿌리가 뻗어나가면서 사태 나는 것을 방지하여 준다고 해서 어느 지방에서는 사태월싹이라고도 부른다고 한다. 산비탈 밭이 사태 나는 것을 막아줄 정도로 그 힘이 강하고 그 자생력 또한 대단하다고 한다.

그것을 캐내어 사람들이 섭취하면 흙 속에서의 작용하던 힘이 사람에게도 그 영향을 미쳐 미각을 돋우고 입맛을 되살리는 것 같다.

요즘 마트에 가면 재배되어 나온 씀바귀 뿌리도 있고 고들빼기 뿌리 나물도 있다. 자연산과 재배되어 나온 나물들의 효능을 계산하지 말고 어른들이 이때쯤 드셨던 것을 기억하고 한번 반찬으로 맛나게 무쳐서 식탁에 올려보면 좋을 것 같다. '쓴맛 나는 음식물이 몸에 보약'이 된다는 것을 다들 안다. 이 봄이 더 가기 전에 쓴 나물 반찬으로 나른해지는 봄철 가족들의 건강을 챙겨보는 것도 좋을 것 같다.

감

낙엽 깔린 길

올해는 가을이 참 길었다.

윤달인 음력 9월이 두 번이나 있어서인지 2, 3년 안에 제일 긴 가을이 왔다가 요 며칠 다가온 찬 바람에 떠밀려 떠나버렸다. 올 겨울은 다른 해에 비해 그다지 추위도 없을 거라는 기상청의 일기예보도 있었다.

몇 해 전에 유럽 영화를 한 편 보았는데 어느 가을 길에 트렌치코트를 입은 연인들이 길을 걷고 있을 때 가로수에서 떨어져 뒹구는 낙엽과 발을 맞추어 걷는 듯싶어 보여서 참 멋지다는 생각을 했다.

길가에 수북이 쌓인 낙엽을 보면서 참 부자 나라는 나무도 많고 그로 인해 낙엽도 길가에 수북이 쌓여 풍요로움을 간접적으로 말해 주는구나 하고 부러움에 영화를 보았었다.

헌데 그 일이 우리 안산에서도 올 가을엔 있었다. 올해에는 태풍이 없어서 나무들은 나뭇잎을 많이 떨구지 않고 봄에 핀 잎을 그대로 물들여 아름답게 보여주었고 또 후손을 위해 나뭇잎을 떨어뜨리는 그 시간도 앞서거니 뒤서거니 하면서 그 잎을 떨어뜨려 길을 걷는 사람들을 행복하게 하였다.

우리 안산은 자전거 길이 확보되어 있고 시민들을 위한 자전거 대여도 큰길마다 배치되어 있어 누구라도 자전거를 타고 달릴 수 있다.

자전거를 타고 달리는 그 길에도 낙엽은 예쁜 색깔로 내려앉아 옹기종기 모여 있을 때도 자전거 바퀴가 밀치고 가면 자전거 바퀴를 따라 가는 낙엽도 신바람 나서 함께 달리고 멀리멀리 손 흔들며 떠나가는 낙엽도 있었다.

또 낙엽이 많이 떨어진 곳을 자동차가 혹여 속도를 내며 달리면 그 바람을 타고 낙엽들은 차를 따라 얼마쯤은 달려가다 그곳에 자리를 잡고 내려앉는 모습도 종종 볼 수 있었다. 안산천변을 따라서 줄지어선 나무들의 가을 품은 모습엔 유럽의 어느 도시보다도 멋진 모습이었다.

그것뿐인가. 화정천변의 나무들이 봄부터 가을과 겨울의 향기를 품어내고 있는 모습은 우리 고장만이 갖고 있고 자랑할 만한 아름다운 풍경이다.

화정천변 앞쪽엔 화랑유원지를 둘러싸고 있는 갈대의 일렁거림을 보고 사진예술이 탄생하고 가을 해질녘의 아름다운 풍경은 시 한 수가 탄생되고도 남음이 있다.

굳이 일부러 가을을 보러 타지방의 색다른 무엇인가 보러갈 이유가 없었다. 이제 안산은 30년을 넘어가는 청장년의 힘이 넘치고 도전의 정신이 꿈틀거리는 도시이다. 때마침 안산시 구호도 잘 어울린다. '상상 그 이상을 꿈꾸는 도시이다' 주변에 여러 가지 조건들이 정말로 상상 그 이상을 꿈꿀 수 있는 도시인 것이다. 이 찰나를 간과해서는 안 된다.

도시가 이제는 각기의 모습을 간직하고 있는 자리에서 서로가 소통이 되게 하는 작은 역할을 감당하게 하고 그곳에서 일어나는 모든 일들이 상상 그 이상의 도시를 만들어 가는데 한 몫을 해야 할 것이다.

봄의 아픈 기억을 서로서로 보듬고 시민 모두가 함께 서로 위로하고 격려하며 이 겨울로 가는 길목에서 따뜻하고 포근하고 사랑스런 말 한 마디라도 건네어 서로에게 큰 힘이 되어 주는 12월로 마감하고 봄을 위하여 겨우 내내 차곡차곡 영양분을 쌓아서 봄이 되면 또다시 건강하고 푸른 잎을 낼 수 있는 나무들처럼 우리도 자연의 일부이니 그들을 닮았으면 한다.

안산시도 얼마 전의 안산시가 아니다. 곳곳마다 언제 지어졌는지 멋진 빌딩도 많고 사회복지 시설도 너무 보기 좋게 마련이 되어 있다. 차도 옆의 나무들도 요즘 관리를 받고 있는 모습이 눈에 띤다.

내년 봄이면 더 잘 가꾸어지고 관리된 나무와 식물들에서 아름다운 꽃과 나뭇잎을 볼 수 있을 거라는 기대를 한다. 지난 가을 중앙대로의 은행이 나무 밑에 수북이 떨어져 쌓여도 그것을 탐내는 시민들이 예년에 비해 수가 줄어들어 그것 또한 시민의식이 높아졌음을 볼 수 있어서 자랑스럽기까지 했다.

언제라도 걸을 수 있는 산책로가 있고 봄이면 온갖 꽃들의 향연이 펼쳐질 수 있고 여름이면 나무 그늘이 많고 가을이면 낙엽을 마음만큼 보고 밟을 수 있는 안산의 아름다운 자연을 우리는 계속 지키고 즐겨야 할 것이다.

청소

올해는 윤달이 봄에 들어 있어 봄이 늦게도 온다고 하지만 또한 봄을 다른 해보다 더 많이 느낄 수가 있을 것이다.

봄이 있는 달이 두 달이나 되니 꽃도 더 많이 필 것이다. 특히 안산은 봄이 없이 여름이 온다고 한다. 짧은 봄을 더 느끼고 싶어하는 우리의 마음인지도 모른다.

음력으로는 1월 달임에도 달력은 3월 달로 향하고 있는 일들이 주변에서 있어서이다. 우선 초등학교 입학을 기다리는 많은 어린이들로 해서 대형마트, 백화점엔 알록달록한 예전엔 보지 못했던 예쁜 색들의 책가방과 학용품들이 봄이 오는 것을 환영하는 장식품처럼 화려하게 진열된 것을 본다.

윤달이 봄에 들어 있는 관계로 유난히도 추운 겨울에 예식장은 비수기라는 말이 어울리지 않을 정도로 바쁘고 심심치 않게 청첩장도 배달되어 온다.

봄에 해야 할일들을 이 추운 겨울에 하고 나면 봄엔 다들 무엇을 할까 하고 생각해 봤더니 선거가 있다.

해서 요즘 휴대폰에 문자가 귀찮을 정도로 온다. 어디 그것뿐인가. 정당에선 요즘 선거에 나온 후보들에 대해서 시민들이 어떻게 생각하는지 또는 누가 누구보다 나은지 어느 정당을 지지할 것인지를 조사하는 전화가 바쁜 일과 중에 온다.

가끔은 응대하기조차 귀찮을 때가 있지만 시민의 역할을 다하고 싶어서 꾹 참고 응대를 하지만 때론 가끔씩 의문이 들곤 한다. 정말 필요해서 조사를 하는지 또한 조사된 것이 실제로 그 역할을 하는지가 궁금하다. 그것 또한 선거의 어떤 후보가 자기의 영향력을 자랑하려고 하는지 말이다.

신문이나 TV 뉴스를 보면 지지하는 정당, 지지하는 후보가 누가 누구보다 몇 퍼센트가 높고 낮다고 한다. 정말 묻지도 따지지도 않고 하는지? 왜냐하면 자기를 지지하는 쪽 전화번호를 가지고 있고 그것을 이용해서 조사를 한다고 본다. 늘 보면 표준오차 플러스 마이너스 오차 범위 내라고는 하지만 신뢰가 가지 않는다. 지지하는 쪽 전화조사는 오지만 지지하지 않는 쪽 전화조사는 오지 않기 때문이다. 아무튼 대한민국은 지금 막 오려는 봄과 함께 4년을 자기의 고장을 대표해서 새로운 봄 같이 나랏일 할 사람을 우리는 선출해야 한다. 그러자면 입춘과 우수가 지나가고 있으니 봄을 맞기 위해 청소를 시작해야 할 것 같다. 몇 년 전 미국엘 갔다가 멕시코까지 여행할 기회가 있어서 리무진 버스에서 밖의 환경을 볼 수 있었다. 미국의 인디애나주와 멕시코 티화나 가는 길은 같은 길로 이어져 있었다. 미국의 도로에 가로수와 풀, 잔디엔 먼지 없이 윤기가 흐르고 있었는데 국경을 지나자 바로 같은 가로수와 그 주변 풀과 꽃들엔 먼지와 자동차 지나치는 바람 따라 같이 날아다니는 쓰레기들이 널려 있었다.

안산은 유난히도 봄이면 바람이 많이 분다. 시민들이 다 버렸다고는 할 수 없지만 큰길가에 보면 각종 쓰레기가 여기저기 나뒹글고 있다.

선거가 시작되면 각종 전단지 현수막과 함께 쏟아져 나온다.

물론 그때그때 수거가 되겠지만 지난 가을 이후론 눈이 오고 춥고 해서 주변 청소를 못했다. 고장을 아끼고 사랑하는 마음으로 움츠렸던 새싹들이 단단한 표피를 잘 뚫고 나오도록 그들에게 환경을 만들어 주었으면 한다.

이 기회를 통해 서로가 자연을 통하여 지금까지 목적으로 추구해 온 것들을 생각해 보며 봄처럼 싹 틔우고 꽃 피우고 만물들을 소생케 하는 희망 있는 선거를 성공의 근거로 삼을 수 있는지를 점검하는 시간이 되었으면 한다.

김장

따뜻하던 날씨가 12월에 접어들면서 조금 쌀쌀해지고 비가 오고 하얀 눈이 밤에 내려 추위가 갑자기 눈앞에 다가와 있음을 알았다. 가뭄으로 늦가을 비가 와서 고맙게 생각하고 이제 김장을 해야 한다고 생각만 하고 미처 준비를 다들 못했다.

기온이 따뜻하던 때와는 달리 얼음이 얼고 눈이 와서 녹지 않고 하니 해년마다 하던 일들도 허둥대기 시작한다.

배추농사를 많이 짓지는 않았지만 텃밭에 열댓 포기 심어 놓은 것을 언제 동여매나 걱정들도 하였다. 열흘 전쯤 동여매고 날이 따뜻하여 배추가 상하면 안 되는데 내심 걱정들도 했었다. 다행스럽게도 알맞게 동여매 놓아 첫 추위를 무사히 잘 넘기고 배추를 뽑아 김장을 하려고 반쪽으로 갈라보니 먹기 좋게 배추에 속이 꽉차 있었다고 한다. 요즘은 가전제품의 발달로 집집마다 김장을 조금만 한다.

예전에는 한 가정마다 작아야 50포기 이상씩 김장을 했다. 배추김치 담그기 전 알맞은 크기의 무를 골라 동치미를 담고 달랑무김치라고 일컫는 총각김치를 먼저 담았다. 그리고 조금 지나 배추김치를 담그는 김장을 한다. 김장할 때 제일 번거로운 것이 다듬어 소금물에 절이는 일이 제일 손이 많이 간다. 김치를 담그기 위한 준비 과정이 일손 또한 많이 필요로 한다.

각종 양념을 준비하는 일 중에는 젓갈을 집집마다 준비하여 그 집만이 가지고 있는 비법으로 만들어 사용하기 때문에 손이 많이 간다. 젓갈 담그는 멸치는 멸치가 많이 나오는 철에 구입하여 젓갈을 담아 놓는다. 김장철이 다가오면 그 젓갈이 맛있게 익었는가를 가늠하여 불에 다려 걸러 내려서 맑은 젓국으로 만들어 김장할 때 사용한다. 젓갈 준비하는 과정만으로도 손이 많이 간다. 또 김장독을 묻을 곳도 손을 봐야 한다. 보통 김치광이라고 한다.

우선 김장을 넣어 저장할 항아리를 땅속에 묻고 그 위에 간단하게 나무로 틀을 만들어 놓고 볏짚으로 엮은 이엉을 둘러서 눈비를 가릴 수 있는 김치광을 만든다. 김치를 만들고 저장하기 위해서 김장하기 전 소소한 일들로 준비하는 일이 만만하지는 않았다. 막상 김장을 하는 날엔 이곳저곳에서도 사람들이 모여든다. 동네잔치가 되는 날이다.

옛말에 이런 말이 있다. '김장하는 날이 며느리 생일날이라고'

이 말은 못 먹고 못살 때 늘 먹는 것에 양보를 해야 했던 며느리는 이날은 눈치 안 보고 간이 든 배추와 속을 배부르게 먹는다는 이야기다. 이처럼 김장하는 날은 집안 식구 모두가 동원되고도 일의 량이 많아 동네 사람들이 다 모여 일손을 돕느라 잔치 아닌 잔칫날이 되는 것이다. 동네잔치가 되는 것은 별다른 반찬 준비가 필요 없다.

따뜻한 흰 햅쌀밥에 무를 큼직하게 썰어 넣고 고추장을 넣어 간을 한 동태국이면 되는 것이다. 동태국과 절인 배추 머리만 잘라서 깨소금 듬뿍 넣어 갓 무친 김치와 갖은 양념으로 버무려 놓은 속만 있으면 훌륭한 잔치 음식이 된다. 일손이 많으면 일은 빨리 마무리된다. 김장을 다하고 나면 포기 배추가 익는 동안 먹으려고 겉절이를 한다.

그 겉절이에는 남아 있는 양념을 다 넣어 버무려서 맛이 정말 좋다. 일손을 도운 이웃들에게 조금씩 나눠 가져가게 하여 일손 도움의 보답을 한다. 요즘은 생활문화가 많이 바뀌어서 이런 김장하는 모습을 도시에서는 보기 어렵다. 하지만 아직 농촌에 가면 가끔씩은 우리가 예전에 하던 모습을 볼 수 있다. 우리들은 겨울로 접어드는 길목에서 김장이라는 공통의 먹거리를 통해 따뜻한 행복을 나누었었다.

바자회

느티나무 잎들이 떨어져 인도에 수북이 쌓여가며 마지막 체온들을 나누며 작별인사를 하고 있다. 지난밤에 내린 비에 서로는 더 애틋하게 부둥켜안고 바람에 떠밀려 갈 곳을 찾아가고 있다.

사계절 중 봄과 가을의 날씨가 밖에서 활동하기가 정말 좋은 날씨다. 봄에는 겨울 내내 움추렸던 모든 것들이 기지개를 켜고 꽃들과 새싹이 돋는 그 새로움에 마음도 들뜨고 설레는 마음과 더불어 무엇인가 새롭게 시작하려는 마음들로 가득 차 서로 나누고 기금을 모으기 위한 모양으로 모임마다 단체마다 바자회를 한다.

가을은 더 많은 바자회가 열린다. 추수된 각종 햇농산품이 많이 나오기 때문이기도 하다. 바자회를 한다고 하면 평소 기억해 두었던 물건들을 구입하려 한다. 주최 측에서 생산자와의 직거

래를 통해 최저 원가로 물건을 구입하여 놓고, 특산품이나 특별한 물건을 함께 장만하여 손님 맞을 준비를 하여 바자회를 진행해야 한다.

이렇게 해서 평소 장만해야지 하고 있던 물건들을 한 자리에서 손쉽게 저렴한 가격으로 구입할 수 있게 하는 바자회를 열어야 한다. 하지만 때론 눈살을 찌푸리게 하는 경우도 있다. 먹거리를 보통 상품으로 하여 바자회를 한다. 판매 이익만을 생각해서 티켓을 판매하여 그 티켓으로 물건을 교환하는 판매 방식에서는 시민들이 선택할 기회를 갖지 못하는 경우가 종종 있다.

판매 이익도 중요하지만 정당한 물건 값을 받고 정당하게 이익금을 낼 수 있게 해야 한다. 그래야 다음에도 어느 단체에서는 그 물건은 꼭 믿을 만하다는 믿음을 주어 입소문이라도 나서 해년마다 바자회 홍보는 저절로 되고 많은 물량을 판매할 수 있다. 먹거리는 요즘 교통편이 좋아서 동서남북 어느 곳엘 가도 2시간 이내에 직접 산지에 가서 원하는 상품을 원가에 구입할 수 있다. 그렇기 때문에 바자회에서 판매될 상품들을 신중하게 선택하여 해야 한다.

단체의 이미지를 생각해야 한다. 그리고 그 단체 바자회에 참여하면 좋은 물건 저렴하게 구입하고 그 이익금으로 좋은 일에 사용하는데 참여했다는 자부심을 갖게 해야 한다. 바자회는 모임이나 단체 회원들이 자원하여 일을 하기 때문에 전문가적이지는 않지만 봉사하는 그 기쁨으로 없던 용기도 생겨서 열심히 봉사하는 것이다.

봉사하는 회원들에게도 좋은 상품으로 회원들과 시민들을 만나게 하여 기쁨과 보람도 갖게 하는 것이 바자회의 기금 마련을 하는 목적에 또 다른 한 몫을 하게 해야 한다. 우리 고장엔 모임이나 단체가 어느 도시보다도 많다. 모임이나 단체가 많은 것은 정말 좋다. 서로서로 소속감을 갖고 사회의 구성원으로 살아가면서 서로를 보듬고 돕고 하는 좋은 예다. 그것뿐만 아니다. 많은 정보를 얻을 수 있다.

일본이 근대화를 빨리 할 수 있었던 것도 정보를 빠르게 전국적으로 보급시켰던 것을 우리는 기억한다. 수많은 매체를 통하여 많은 정보가 전파되기도 하지만 이렇게 시민들이 모이는 곳에서 나오는 정보는 또 다른 삶의 지혜가 묻어 있는 생활에 보탬이 되는 이야기다.

삶의 지혜를 널리 전파하여 삶의 질을 높이는데 그 몫을 담당하게 하는 것은 시민들의 의식을 높이는 데에도 기여가 될 것이다. 전국적으로 바자회를 어느 도시 어느 동네 없이 다한다. 바자회를 통하여 삶의 지혜와 시민의식을 높이는 좋은 만남의 장소가 되길 기대한다.

가을 운동회

아침저녁으로 기온의 차이가 7~8도 이상 차이가 있어 감기에 걸린 사람들도 있다. 아침저녁 온도는 다소 차이는 있어 체온에는 약간의 부담으로 다가온다. 하지만 한낮에는 기온은 올라 조금 덥기도 하다.

따뜻한 기온에 하늘엔 구름 한 점 없는 청명한 하늘이다. 도시를 조금만 벗어나면 눈이 부시도록 푸른 하늘 아래 황금벌판이 펼쳐져 있다. 나무엔 아직은 가을의 물감들이 많이 내려앉아 있지 않아서 푸르름을 안고 있는 나무들의 푸른색과 황금색의 벼이삭과 대비되어 한 폭의 수채화 같은 들녘이 펼쳐져 있다.

아직까지는 태풍이 오지 않아서 모든 열매들이 풍성하게 익어가고 있다. 아파트에 심어진 감나무에도 감이 노랗게 익어가고 있다. 대추는 듬성듬성 빨간 물이 들어 익어갈 때 한가위 명절에 쓰려고 벌써 거둬드린 가지에도 몇몇 개 남아 있는 대추가 빨갛게 익어가고 있다.

시월 하면 겨울로 가는 길목에서의 짧은 한 달이다. 많은 사람들의 감성을 폭발시키는 아름다운 계절이다. 공원과 찻길에 늘어선 나무들을 차 안에서 보아도 자연이 주는 그 아름다운 색깔의 아름다움을 글로는 다 표현하기 어렵다.

시월은 추수의 계절이다. 더불어 날씨와 기온이 밖에서 활동하기 좋은 때라서 각종 체육대회가 개최되어 여러 종목의 운동으로 친목을 다지는 계절이기도 하다. 요즘 학교의 운동회는 전 학년이 함께 하지 않고 학년별로 나누어서 한다. 얼마 전만 해도 학교 운동회가 있는 날은 온 동네가 또는 가족의 축제의 날이 되었었다. 학교 운동회가 있는 날은 부모님들도 바쁘다. 찬합에 햇콩 넣어서 지은 밥과 명절에 쓰고 남겨 두었던 여러 나물과 부침들을 반찬으로 준비하고, 그리고 달걀도 삶고 일찍 캔 땅콩과 주워둔 올밤을 함께 쪄서 간식으로 준비한다.

학교에 가면 학교 운동장 하늘엔 구름 한 점 없는 파란 하늘 아래의 만국기가 길게 빼곡히 큰 운동장 크기만큼 걸려 있다. 만국기들은 가을 바람에 살랑살랑 흔들리며 종일토록 학생들과 학부형들의 운동회를 재미있게 내려다보고 있다.

운동장엔 종목별 운동을 하게 하려고 횟가루로 구분하여 줄을 그어 놓았다. 횟가루로 줄그어 놓은 곳을 중심으로 여러 가지 운동이 시작 된다. 오랜만에 부모님과 이웃들과 모두 모인 운동회

자리에서 교장선생님의 말씀이 끝나고 나면 전 학년이 함께하는 마스게임이 멋지게 펼쳐진다. 학부모님들은 자식들의 멋진 모습을 보려고 높은 곳을 찾아 올라가서 절도 있게 춤추는 모습들을 보신다.

청군 백군의 우렁찬 응원과 함께 어느새 점심때가 되면 운동장을 중심으로 그늘진 곳엔 맛있는 점심식사가 차려진다. 아버지들은 막걸리도 한 병 구해 오셔서 드신다. 점심 식사 후 치러지는 학부모님들의 줄다리기, 큰 공 굴리기 등이 끝나고 나면 청군 백군 점수판에 승부의 판가름이 나고 있을 때 계주와 마라톤으로 운동회는 마무리가 되어 간다. 아침부터 뛰고 달리고의 순서를 다 마치고 나면 평소 사먹고 싶었던 것을 사서 먹을 수 있는 유일한 시간이기도 했다.

가을걷이를 하기 전 학교의 운동회를 통해서 선생님을 만나 뵐 수 있는 시간이었고, 마련해 온 음식을 이웃과 나눌 수 있는 정이 듬뿍 담겨 있는 가을 운동회이다. 도시에서도 시월이 되면 크고 작은 체육대회가 열린다. 운동을 통해 청명한 하늘과 같은 건강함을 나누는 좋은 가을운동회가 되길 기대하여 본다.

국경 없는 거리의 광장

요 며칠 전만 해도 길거리 또는 스쳐 지나가는 우리의 주변 모두가 가을이었는데 눈이 내리고 추운 겨울 바람이 우리의 옆에 다가와 있다.

요즘은 송년행사를 앞당겨 하는 풍습도 생겼다. 12월 말쯤으로 가면 행사가 겹치기도 하고 행사장을 선뜻 잡기도 어려워서인지 몇 해 전부터 11월 말에서 12월 초중순이면 모두 한해의 마무리 인사를 하고 중순 이후의 날들은 가족행사 또는 여행을 떠나는 풍습이 우리 주변에서 생겨 볼 수 있다.

안산은 남들이 말하는 것처럼 모임이 많다. 혹자는 무슨 모임이 그렇게 많으냐고 하지만 대체적으로 긍정적으로 생각한다. 공단이 있는 배후 도시이다보니 전국 각지에서 취업을 하려고 왔기 때문이다. 그 세월로 청년이 된 우리 안산이다.

조금만 움직이면 못했던 공부도 할 수 있고 친교를 나누고 싶으면 각종 00과정 등에 등록하여 한 3개월 다니고 수료하고 나면 모두가 가족처럼 끈끈한 정을 가지고 애경사 등을 챙기고 서로에게 힘을 주는 든든한 울타리 역할도 한다. 우리 안산의 시민들 중 일부는 이렇게 살고 살아간다.

며칠 전 원곡동 국경 없는 거리 광장에 행사가 있어서 몇 시간을 거기서 머물렀다. 그 광장에서 목격한 여러 가지 가운데 바람에 일반 쓰레기와 휴지 조각들이 이리저리 쓸려 날아다니고 술병은 여기저기 나뒹굴고 의자라도 있는 곳이면 장기 바둑을 두는데 그 광경은 몹시 불편했다. 알아들을 수 없는 자국의 말로 싸움을 심하게 한다. 던지고 부수고 공공장소의 물건은 우리 모두가 낸 세금으로 설치된 편의시설이다. 이곳에서는 이런 일이 비일비재로 일어난다고 순찰을 돌던 순경들도 한마디 한다. 싸움은 그렇다 치더라도 깨끗했으면 한다.

질서는 다소 없더라도 청소는 해야 하는 것이라고 생각한다. 여름이면 각 나라 사람들이 버린 음식물 쓰레기로 냄새가 나서 고약하다고 한다.

무엇을 어떻게 해야 그 곳에 머무르는 다국적 분들에게 준법정신은 지키는 것이며 함께 실천하는 것이라고 알려줄 수가 있는지 고민을 해야 할 것이다. 처음부터 그 곳만의 규칙이 있었으면 괜찮았을 터인데 이제 아무렇지도 않게 쓰레기 등을 버리고 싸우고 한다. 그 곳에서 날아다니는 쓰레기와 먼지가 결국 우리에게 병을 가져다 준다는 것을 그분들도 알 것이다. 아무리 청소를 깨끗이 해놓으면 무엇하겠는가. 버리는 사람이 아무런 생각과 책임이 없이 행해지는 것이 문제이다.

다문화라 해서 특별하게 하는 것보다 우리만의 가지고 있는 예의와 준법정신을 알게 해야 한다. 그래야 우리와 대화가 되고 소통이 될 것이다. 돈 벌어 송금하고 소비하고 저금만 하면 되는 게 아니라, 그중에도 지켜야 하는 규칙이나 법이 있음을 알려주어 함께 살아가야 한다. 웨인다이어의 노자읽기에 이런 이야기가 있다.

'규칙이 없는 삶에서 많은 사람들은 친절이나 정의 사랑을 지키는데 법과 규칙만이 효과가 있다고 생각한다. 그럼에도 우리는 가슴에서 우러나오는 삶을 선택할 수 있다. 이러한 미덕들을 법규나 관습이 요구하는 것이 아닌 개인의 의무라고 생각한다면 그렇게 살 수 있다고 했다.' 바로 조화를 이룰 수 있기 때문이라고 했다.

늦었다고 생각할 때 시작하는 것이 가장 빠르다고 했다. 우리가 다문화 가정들과 소통하고 함께 살아가려면 이제 조화를 이루고 살아야 한다. 그들의 마음에서 행동으로 우러나오게 하기 위해서는 개인의 의무라고 생각하고 그 주변의 모두가 각자 우리부터 시작하여 조화를 이루어 깨끗한 도시 안산에서 살고 있음을 시민 모두가 자긍심을 갖고 함께 살아야 할 것이다.

봄바람

봄바람을 맞으며 자전거를 타는 가족들과 길 옆 평지에 얼굴을 내민 냉이를 캐는 사람들로 산책길엔 봄을 맞으러 나온 시민들이 많았다. 물이 있는 가까운 곳의 수양버들 나무에는 물이 많이 올라 있었다.

멀리서 보면 나뭇가지에 엷은 연둣빛이 감도는 것도 보였다. 잡풀들이 마른 풀들 사이로 새싹을 많이 내놓아 연두색으로 모두를 반기고 있었다. 그리고 별 같이 생긴 꽃도 잎을 열어 놓아 봄의 전령들이 활발하게 움직이고 있음을 볼 수 있었다.

지난 겨울엔 눈이 그다지 많이 오지 않아 겨울 가뭄으로 올봄에 산불이 날까 하여 지속적으로 주의하라는 홍보를 일기예보 시간을 빌어 이야기 하고 있다. 요즘 이때쯤이면 바람이 불어와 얼굴을 스치면 바람을 피하지 않는다. 봄바람 속엔 봄 향기가 묻어 있고 끝자락엔 따스함도 묻어서 함께 불어오기 때문이다. 바람은 겨울 바람과 봄바람을 함께 몰고 불어왔을 터인데 우리는 바라고 있던 봄바람만 느끼는 것 같다.

삼라만상(森羅萬象)이 꽁꽁 언 겨울로부터 탈출에 성공하여 깨어나려고 용트림하느라고 일으키는 움직임의 산물이 미세먼지인가 싶다. 그래서인지 이때부터 봄바람은 미세먼지를 함께 몰고 불어온다. 이 봄바람으로 인해서 해년마다 봄 감기가 유행하기 시작한다. 요즘 감기환자가 병원마다 넘친다.

어떻게 보면 겨울이 가기 싫어 앙탈을 부리는 바람도 같게 너무 세차게 불어 골목 안쪽의 묵어 있는 여러 가지 쓰레기들을 날려버리기도 한다. 나뭇가지도 예외는 없다. 부실한 가지는 바람에 꺾기어 새순이 돋지 못하게 한다.

봄바람이 중국발 미세먼지와 황사를 몰고 온다. 그 미세먼지와 황사로 인해서 비행기 길을 가끔 가로막아 비행기가 뜨지 못한다는 뉴스를 접하기도 한다. 겨울 내내 묵어 있던 찌든 먼지가 세찬 바람으로 미세먼지가 되어 시민들이 마시는 공기 속에 뒤엉켜 호흡기 질환을 일으키기도 한다. 눈과 비가 적당하게 내려서 먼지를 물속에 가두어 버리면 더 말할 나위 없이 좋겠지만 우리들이 자연환경을 여러 모로 괴롭히고 있어 적절한 시기에 눈비 내리기를 바라는 것은 무리가 있다.

봄이면 특히 내과, 안과, 피부과 환자가 많다고 한다. 그것뿐만 아니다. 목캔디가 봄엔 더욱 많이 팔린다고 목캔디 제조회사 통계가 나와 있다. 이렇게 봄바람이 우리를 괴롭히는 바람이 되어 있다. 예전에는 봄바람은 아지랑이를 피어오르게 하였다. 아지랑이를 피어오르게 하면 봄꽃들이 앞 다투어 꽃잎을 열기 시작한다. 작은 풀꽃들부터 시작하여 개나리꽃, 진달래꽃, 벚꽃 등이 피어 봄을 무르익게 한다.

봄을 시샘하는 추위가 몇 번 오가면 완연한 봄날일 것이다.

봄바람이 중국발 미세먼지와 황사를 몰고 와도 우리는 그것을 감당할 힘을 가지고 있다. 비타민이 듬뿍 들어 있는 봄나물로 우리는 건강을 지키고 봄바람이 가져오는 향긋한 봄내음만 우리가 취하여 아름다운 봄맞이를 하면 좋을 것 같다.

영화제

우리나라에 들어온 첫 번째 총천연색 영화 '분홍신(the red shoes)'은 "사랑을 따르자니 예술이 울고 예술을 따르자니 사랑이 운다"라는 유행을 우리에게 남길 정도로 영화예술은 남다른 예술로 우리에게 자리하고 있다.

학교 때 중간고사, 기말고사를 보고 나면 으레이 영화관으로 단체로 관람을 하러 갔었다. 지금처럼 인터넷이나 TV가 많이 보급되지 않았던 까닭도 있지만 1970년도 그 시절엔 민주주의를 실현코자 애쓰는 것과 방황하는 젊음의 위안을 받을 수 있는 유일한 곳이었다. 우리의 꿈을 그려낼 수 있었고 외국의 많은 정서를 볼 수 있었던 곳이 영화관이다. 지금처럼 시설이 좋거나 화질이 좋지도 않았다. 하지만 외국의 잘생긴 남녀 배우들이 열연한 한 장면 한 장면 연기와 말 한마디마다의 대사가 우리의 피부

속에 깊숙이 새겨질 정도로 서정적인 영화가 많았다.

'지상에서 영원으로'에서 들었던 진혼의 나팔 소리, 몽고메리 크리프트가 옆에서 나타날 것만 같았고, 베라크루스에서 친구처럼 다정했던 버트랑카스너의 날렵한 몸매도 다시 한번 보고 싶다. 또한 '노틀담의 꼽추' '길' '바이킹' 등에서 열연했던 안소니 퀸의 모습도 눈에 선하다. 사랑을 위해서 목숨까지 버린 노틀담의 꼽추는 가슴속에 살아있는 영원한 명화이다.

'오케이 목장의 결투'에서 보았던 젊은 커그다그라스가 언젠가 다 늙은 모습으로 화면에 나온 것을 보고 세월무상 인생무상을 생각한 일이 있었다.

지금의 영화관 시설은 우리나라 어딜 가도 정말 최신식이고 화질 또한 최고이다. 어디 그뿐이겠는가. 우리나라의 드라마가 세계 여러 나라에서 방영된다고 한다. 우리 정서와 감성을 유감없이 담아내어 수출하는 것을 알고 있다. 그 나라 국민들도 우리가 느끼고 꿈을 가졌던 것처럼 아니 더 많은 것을 얻으리라고 믿는다.

안산에서는 며칠 후면 상록수 다문화 국제단편영화제가 무료로 25시 광장과 주변 극장에서 상영된다고 한다.

요즘 같이 읽고 쓰고를 좋아하지 않는 세대들은 부모님과 함께 이번 기회로 약간의 추위를 느낄 수 있는 가을밤의 날씨와 함께 초청 외화와 한국 고전영화 등을 관람할 수 있는 기회가 있다. 요즘 디지털 문화 속에서 많은 정보가 홍수를 이루고 있지만 아나로그 시대의 문화로 그리 멀지 않았던 우리의 모습을 보면 그것 또한 추억과 시대적 변화를 보고 느끼는 바가 클 것이라고 생각한다.

내가 살고 있는 고장에서 어떤 내용으로 예술제가 열리고 어떤 축제가 그리고 어떤 행사가 시민들을 위해 준비되고 있는지를 살피면 많은 시간을 투자하지 않아도, 서울 시민들이 누리는 문화 혜택보다 더 많은 것을 얻을 수 있다.

어떤 이유와 사연으로 살게 된 안산에, 시민으로서 뿌리를 내리게 하는 역할이 그 중 문화예술도 큰 몫을 한다.

75만 시민들의 역할이 모두 다르듯이 문화예술을 하는 사람들은 시민들께 최상의 문화예술로 당대의 우리의 자화상을 표현하여 후손들에게 부끄러움 없는 모습을 물려주려고 부단히도 애쓰며 진행할 것이다.

시월의 공동경비구역

TV에서 뉴스 시간에 보았던 판문점 공동경비구역을 언제부터인가 한 번쯤은 가보아야겠다는 생각을 가지고 있었다. 기회가 되어 버스에 탔다. 쭉쭉 뻗은 곧은 길가에 바람결에 일렁이는 코스모스 꽃의 무리들은 드높은 파란 가을 하늘과 잘 어울렸다.

잠시의 휴식 시간에 어느 공원에 잠시 쉬고 있는데 빨갛게 물든 철쭉 꽃잎 사이로 잎이 아닌 꽃이 세 송이나 피어 있었다. 봄처럼 화려하지는 않았지만 가을의 철쭉꽃을 본 좋은 기분으로 목적지에 도착하였다. 우리가 타고 간 버스에서 내려 멋진 군인이 탑승된 버스로 옮겨 탔다. 공동경비구역을 들어가기 위한 여러 절차와 안내 중 우선 안내된 용지의 내용을 읽고 그곳에 자필 사인을 하라고 했다.

그리고 입고 간 옷 중에서 색상이 유난히 밝은 윗옷은 벗을 것을 안내하였다. 찢어진 청바지도 삼가한다고 한다. 이는 그곳을 지키다 먼저 가신 이들에 대한 예의로 그렇게 한다고 한다. 물론 휴대폰은 꺼놓는 것이 좋다는 안내에 따라 모두 카메라 기능만 사용하게 해놓았다.

모두들 긴장된 입장에서 안내하는 군인의 말에 따라 모두 일치감 있게 잘 움직였다. 웃되 비웃는 듯한 웃음과 손가락으로 가리키는 행동은 하지 말라는 당부의 안내가 있었다. 이 모든 내용은 북한 군인들이 보았을 때 오해할 수 있는 행동이나 말들을 하지 않게 하려는 배려였다.

공동경비구역의 우리 측 건물에 도색을 하고 있어서 안내 받았던 사실을 깜빡하고 남과 북이 그어 놓은 선을 무심결에 손으로 가리키며 옆 사람과 이야길 했다. 마침 옆에 있던 분이 툭 치며 눈짓을 해서 빨리 알아차리고 뒷걸음으로 사람들 사이에 섰다. 그 순간의 아찔함이란 그 시간에 그곳에 있어야 느끼는…. 그것은 무어라 표현이 안 된다.

우리의 국군 장병들이 세련된 군복을 입고 예의 바르고 늠름하게 자신감 있게 행동하는 모습에 긴장 속에서도 안도의 마음이 들면서도 왠지 목울대가 막혀옴에 잠깐 동안 가슴을 먹먹하게 하였다. 요즘이 대선 때이다. 대선에 나온 후보들의 별별 말들이 매스컴을 타고 우리나라 방방곡곡도 모자라 골목골목을 누비고 다니고 있다. 우리나라를 이끌고 나가야 할 분들이 우선 이곳부터 다녀오면 어떨까 싶다.

후보들이 이곳엘 방문한다면 또 다른 어떤 문제가 연관되어 발생되는지는 생각해 보지는 않았지만 우리 같은 서민들도 그곳엘 가서 가슴이 먹먹해짐을 느끼고 깨닫고 왔는데 대선 후보들은 또 다른 각오와 생각이 깊어지고 넓어질 수 있지 않을까 생각해 보았다. 판문점을 기점으로 해서 가볼 곳이 많았다. 땅굴도 있었고 전시관도 잘 정리되어 있었다.

외국 관광객들도 꽤 많아 보였다. 여기서도 기념품을 판매하는데 역시 우리나라 어딜 가도 기념품은 모두가 똑같았다. 외국 관광객이 많이 찾으니 그 고장의 특산품을 여행객들이 구매해서 가져갈 만한 특산품을 만들었으면 하는 바램이 든다. 우리나라 과자가 고급스럽고 잘 포장된 것이 많은데 과자가 유난히 많았는데 고급 과자는 없었다. 모두가 스넥 종류였는데 그 가지 수가 많지 않았다. 든든했던 것은 젊은 대학생들이 직접 공동경비구역을 찾아가 보고 땅굴도 견학하는 모습에 군에 가는 것을 고민만 하는 줄 알았더니 직접 보고 듣고 참여하는 모습에 역시 하는 마음으로 가슴이 뿌듯하였다.

공동경비구역에서 서울이 가깝다는 것은 알고 있었지만 실제로 그곳에서 안내된 설명을 듣고 지도에 그려진 길의 길이를 보니 우리는 안보 자세를 더욱더 가다듬어야 하겠다고 생각하였다. 공동경비구역에도 시월의 가을은 내려앉아 있었다. 추수한 볏짚단들이 들녘에 무더기 무더기 쌓여 있었다. 높고 낮은 산에 고운 단풍들은 멀리서 다가오는 붉은 저녁노을과 서로의 안부를 묻고 있었다.

감(甘)

감(甘)은 달다는 뜻이다. 올해 비가 많이 안 와서 안 좋은 농산물도 있었다. 하지만 열매들은 다들 많이 열어 풍성한 가운데 당도가 높은 과일들이 많이 생산되었다.

과일 코너에 가면 보기 드물게 감이 망사망에 그득이 담겨 무더기로 쌓여 있다. 가을철이면 잠깐 동안만 과일 코너에 진열되어 있었다. 헌데 요즘은 많은 과일 중에도 감은 여러 가지 모습으로 재탄생되어 우리와 같이 계절을 가리지 않고 함께 하고 있다.

예전에는 감나무 한 그루 있는 집 아이들이 부러웠다. 잘 익은 감 하나를 들고 나와 맛있게 먹는 것을 보면 먹고 싶었다. 그리고 명절이 되면 곶감을 자랑하듯이 들고 나와 먹는 것을 그때는 종종 볼 수 있다. 곶감이 얼마나 귀했으면 '범보다 무서운 곶감'

이라는 설화가 있을 정도이다. 그렇게 귀하던 곶감과 감이 요즘은 지천이다.

감으로 별별 것을 다 만들어 생활에 먹거리로 활용하고 있다. 감은 추운 지방에서는 자라지 않아 경기 북부지방엔 감나무가 예전엔 없었다. 요즘 온난화 기후로 경기 북부지방에서도 감이 재배된다. 대봉감을 팔아달라는 부탁을 받고 구매했는데 문산 지역에서 재배된 감이었다. 말 그대로 대봉감이다. 색깔이 주홍색으로 짙고 크기가 다른 감에 비해 참으로 크고 윤기가 흘러보기 좋다. 하지만 당장 먹을 수 없다. 땡감인 것이다.

여기에서 감에 대한 공부를 좀 할까 한다. 감은 두 종류로 분류된다고 한다. 우선 크게 단감과 땡감으로 나뉜다. 늘 우리가 알송달송한 감의 이름이 있다.

홍시와 연시, 그리고 반시가 있다. 홍시는 나뭇가지에서 말랑말랑하게 푹 익은 것을 말하고, 연시는 떫은 감을 따서 삭혀서 말랑말랑하고 부드럽게 만든 감을 말한다. 그리고 제일 많이 혼동되는 것이 반시다.

반시는 감의 모양이 납작한 것을 말한다. 헌데 반시를 반 건조된 곶감으로 오인되어 있다. 그것은 반건시(半乾柹)라고 해야 옳다. 건시(乾柹)라고 하는 뜻은 감을 깎아 꼬챙이에 꿰어 말려 건조시킨다는 내용을 갖고 있다. 그러므로 반건시는 감이 다 건조되지 않고 감의 표면 일부가 건조되고 아직 속은 홍시 상태로 있는 것을 말한다. 또한 준시(蹲柹)가 있다. 준시는 감을 깎아서 꼬챙이에 꿰어 말리지 않고 납작하게 말린 곶감을 말한다. 그리고 약반시가 있는데, 잘 사용하지는 않지만 보통 떫은 감을 일컫는 말이다.

홍시를 질감으로 표현한 것이 연시이다. 그리고 모양으로 표현된 것이 반시이다. 우리나라에서 재배되는 감의 종류는 약 76종에 달한다고 한다.

그 감들을 이젠 곶감도 사시사철 마켓에 가면 냉장고와 냉동실에 있어 언제라도 구입할 수 있다. 곶감도 종류가 다양하다. 감을 깎아서 매달아 놓고 잘 말려서 건조시킨 것이 전통 곶감이다. 그리고 요즘 시설이 좋아서 감을 다 건조하지 않고 특상품으로 내놓은 반건시 곶감이다. 보기도 좋고 먹기도 좋다. 집에서 쉽게 할 수 있는 감 말랭이도 있다. 뿐만 아니다. 한참 유행했던 감식초도 있다.

감에는 타닌 성분이라는 것이 들어 있어 혈관질환 예방에도 좋다고 한다. 그리고 곶감의 흰 가루를 시설(柹雪)이라고 하는데 기침 가래를 멎게 하고 만성 기관지염에도 좋다고 한다. 감에는 비타민 A와 C가 사과의 10배 가량 많다고 한다. 망사망에 담긴 감을 구입하여 여러 방법으로 만들어 겨울이 시작되는 요즘 감기예방에 사용하면 좋을 것 같다.

졸업과 교복

새로운 한 해가 시작된 것이 엊그제 같은데 벌써 하순에 접어들어 있다. 올 겨울은 그다지 춥지 않게 시작해서 현재 소한 대한 추위도 없이 겨울을 보내고 입춘을 앞두고 있다.

명절과 졸업식이 2월 안에 들어 있어 집집마다 여러 형편들이 기쁘고 행복하고 바쁠 것이다. 바라고 원하던 상급학교로 진학이 뜻대로 되는 가정은 삶은 일부분이라도 목표가 이루어진 것으로 생각하여 명절과 함께 즐거운 그리고 행복한 졸업과 명절이 될 수 있지만 그렇지 못한 가정들은 참 부담스러운 2월이 될 것이다.

졸업식에 가보면 언제부터인지 교복을 벗어서 형편없이 만드는 모습들이 매스컴을 통해 해년마다 보도가 되곤 한다.

요즘 교복 값은 성인 정장 옷값과 거의 비슷한 금액이다. 교복의 종류도 많다. 춘추복과 추동복에 체육복의 그 가짓수를 따져보면 자켓 남방(블라우스) 조끼, 가디건, 바지. 치마에 체육복 상하로 하자면 한 명의 학생이 입어야 하는 교복이 5점 이상을 춘하, 추동으로 구입해 입어야 한다.

우리의 생활수준이 높아지고 우리 아이들의 학교 교복문화도 따라서 높아짐에는 두 말 할 나위 없이 환영하고 장려해야 하는 일이다.

아이들이 입학할 때와는 달리 학년이 올라가면서 커지는 신체로 하여 얼마 입지 않은 교복을 두고 새로이 구입해서 입어야 하는 경우가 참으로 많다. 요즘 옷감의 질이 참으로 좋아서 3년을 입어도 헤어지거나 낡아서 못 입는 일은 거의 없다. 다만 아이들의 신체 발육이 좋다보니 작아서 못 입는 경우를 집집마다 경험을 했고 앞으로 이제 해야 하는 가정이 많을 것이다.

교복이 성인 정장 한 벌 값과 거의 비슷한데 작아서 못 입는 경우에 그 옷을 그 학교 후배들에게 물려주면 좋을 것이다. 물려주는 방법이 딱히 없다. 물론 엄마들끼리 왕래가 있는 집들은 서로 물려주고 받아 입고 하지만 활발하게 장려되지는 않는 것 같다. 맞벌이를 하는 가정에서는 더욱이 어려운 일인 것이다.

어떤 방법으로 하던 교복 대물림 하는 일을 해야 할 것이다.

그것은 살아 있는 환경교육을 직접 현장에서 체험할 뿐더러 가정경제에도 크게 도움이 된다.

여기서 옛날이야기를 해야 할 것 같다. 얼마 전의 옛날에는 한 가정에서 교복을 구입하면 제일 맏이가 깨끗하게 입어서 동생과 그 동생에게 대물림해서 입혔었다. 그때에는 옷감의 질도 좋다고 볼 수 없었는데 조금 낡았지만 별 탈 없이 세 명의 자녀에게 교복을 대물림하여 졸업을 하게 하였었다.

요즘은 세탁 조건도 여러 방법으로 좋다. 교복이 작아지면 잘 세탁하여 그 크기의 교복을 필요로 하는 학생에게 물려주면 나눔의 뿌듯함을 느끼게 하는 산교육을 할 수 있는 훌륭한 기회가 될 것이다. 교복 대물림을 이미 실시하는 도시도 있다.

졸업을 앞둔 학생들이 자기가 입었던 옷을 후배에게 물려주는 아름다운 문화를 우리 시 학교 학생들이 시작하여 전국적으로 교복 대물림 문화를 정착시키는 일에 앞장서길 바란다.

첫눈

올해 첫눈은 아무도 모르게 밤에 내렸다. 아침에 밖을 내다보는 순간 첫눈이 밤에 내렸음을 알고 무엇인가 준비가 안 되었는데 선물을 듬뿍 받은 기분이 드는 것 같다. 나뭇가지에 소복이 내려앉은 첫눈은 새하얀 사랑스런 모습으로 우리를 반겨준다.

일상에서 늘 예상치 못한 기쁜 일들이 자연으로부터 왔을 때 그 행복함을 다 함께 누릴 수 있어 우리는 정말 행복하다.

무더운 여름에 한 줄기 비를 뿌려 열기를 식혀 주는 일과 더운 열기는 있지만 바람이 불어주면 누구라도 그 시원함에 좋아하고 행복해 한다. 그렇듯이 겨울은 눈이 오는 날이 많이 있지만 특별히 첫눈을 기다리고 있는 것은 첫눈이 우리에게 주는 순백의 기쁨과 행복함을 담고 있기 때문인 것 같다.

밝은 시간에 첫눈이 내렸다면 아마 모두들 휴대전화 카톡이 불이 났을 것이다. 하지만 올해는 겨울의 첫 선물인 하얀 눈이 밤에 내려 모두들 그 기회는 놓쳤지만, 여기저기 눈길 닿는 곳마다 소복소복 쌓여 있는 눈이 사진첩에 여러 장 남겨졌을 것 같다.

첫눈에 얽힌 사연도 많다. 요즘은 눈이 그다지 많이 내리지 않지만, 예전에는 눈이 참 많이 내렸다. 교통편이 좋지 않았던 때에는 보통 십여 리 길을 걸어다녔는데 눈을 누군가는 치워 주어야 걷던, 차를 타던 갈 수 있었던 때가 있었다. 그땐 모든 수단이 동원되어 눈 치우는 일에 모두들 함께 했었다. 학교에서는 눈이 많이 오는 날은 수업을 1시간쯤 늦추어 시작하기도 했다. 아무리 눈이 많이 와서 교통수단이 없어 여러 모로 불편했어도 부모님의 도움 없이 아이들은 학교들을 다들 잘 갔었다. 미끄럼을 타기도 하고 눈싸움을 하면서도 그 길을 뛰고 걷고 하여 학교를 다 등교했었다. 지금 그런 일이 발생되면 아마 구청, 시청에 민원이 발생되고 곧 무슨 일이라도 발생된 것으로 간주되어 말이 수 없이 떠돌았을 것이다.

그것은 지나치도록 빠르기만한 정확하지 않은 정보의 탓일 수도 있지만 기다림이라는 말이 요즘 실종 돼서일 수도 있다. 불편하고 빠른 정보가 없을 땐 첫눈이 오는 날 만남의 약속들도 참 많이 했었다. 첫눈 오는 날 약속이 다 지켜졌는지는 알 수 없지만 그 순수한 마음으로 첫눈의 기다림은 사랑일 것이다. 글을 쓰는 사람들도 첫눈에 관해 글을 많이 썼다.

정호승 시인의 〈첫눈 오는 날〉 만나자

어머니가 싸리 빗자루로 쓸어놓은 눈길을 걸어
누구의 발자국 하나 찍히지 않은 순백의 골목을 가자
새들의 발자국 같은 흰 발자국을 남기며
첫눈 오는 날 만나기로 한 사람을 만나러 가자

팔짱을 끼고 / 더러 눈길에 미끄러지기도 하면서
가난한 아저씨가 연탄 화덕 앞에 쭈그리고 앉아
목장갑 낀 손으로 구워놓은 군밤을 / 더러 사먹기도 하면서
첫눈 오는 날 만나기로 한 사람을 만나
눈물이 나도록 웃으며 눈길을 걸어가자 −중략−

눈이 많이 오는 날은 어른 아이들 심지어 강아지까지도 눈발이 날리면 이리저리 뛰고 모두 기뻐하고 좋아한다. 우리 모두의 가슴엔 아직도 순백의 기쁨과 행복이 가득하기 때문이다. 첫눈은 지나갔지만 새하얀 사랑스런 마음으로 겨울에 내리는 두 번째, 세 번째의 눈을 보면서 다정한 사람들과 진한 커피 한 잔 마시면서 겨울 내내 따뜻한 행복을 나누면 좋겠다.

하지 감자

시내에서 약간만 벗어나면 보랏빛 감자꽃과 하얀 감자꽃이 밭고랑 위로 가득이 피어 있다. 벌써 하지 감자를 캐어서 먹을 때가 되어 간다. 어느 TV채널에서 프로그램 중에 텃밭에 여름 채소와 열매가 맺을 만한 작물들을 심는 과정을 방영한 적이 있다.

그중 씨감자를 만들고 심는 과정을 보여주었다. 감자에 감자눈 있는 곳을 남겨 놓고 여러 쪽으로 잘라서 씨감자를 만들었다. 그리고 그것을 밭두렁에 작은 구덩이를 파고 씨감자를 넣고 흙을 살짝 덮으면서 신기해 했다. 여기서 과연 감자에 싹이 나고 감자가 주렁주렁 달릴까 하는 마음으로 머리를 갸웃거리는 모습을 보았다.

그렇게 머리를 갸웃거리며 심었던 감자가 드디어 실한 알이 달려 이제 캘 때가 되어가는 시기가 보릿고개 때인 것이다. 들녘에 보리는 누렇게 익어가지만 보리알이 아직은 영글지 않아서 베어서 타작을 할 수 없다. 베어서 타작을 하면 그 수확량이 많이 줄기 때문에 보리알과 밀알이 꽉 차기를 기다려야 하는 시기인 것이다. 그리고 봄에 났던 어린 나물들은 이때는 다 자라서 쇠서 삶아서 나물로도 먹지 못한다. 심은 감자 둔덕의 흙을 파보면 아직 감자알이 다 차지 않고 감자알이 적어서 캐어도 먹을 양이 적었던 것이다. 작년 가을 농사지은 쌀이 여유가 이 시기까지 있어야 했지만 턱 없이 부족했다.

그것을 잘 보관하여 필요할 때 사용해도 여러 가지 이유로 보릿고개 때에는 식량이 많이 모자라서 농가에서 농사짓는 일이 참으로 어려웠다. 하지만 보름 남짓만 기다리면 감자와 보리, 밀들을 거둘 수 있다. 보리는 타작하여 보리쌀로, 밀은 밀가루로 빻아서 여러 가지 음식을 만들어서 먹을 수 있었다. 밀가루는 요즘처럼 하얗게 빻지 않는다. 밀껍질를 조금만 벗기고 빻아서 누렇다 못해 거므스럼한 밀가루로 국수도 뽑는다.

보리와 밀과 감자를 수확할 때쯤이면 장마가 시작된다. 그래서 집집마다 부지런히 하얀 국수가 아닌 거므스럼한 색깔의 국수를 뽑아 말리는 틀에 길게 늘어뜨려 말리었다. 그리고 나무로 만든 사과 궤짝에 뚝뚝 잘라서 차곡차곡 넣어서 몇 상자를 곳간 바람이 잘 통하는 자리에 쌓아두어 한여름에서 겨울까지 가는 귀한 양식이었다.

보리밭이나 밀밭에 한쪽엔 뽕나무와 살구나무가 한 그루씩 있다. 보리와 밀이 익을 때면 오디와 살구도 같이 익어 간다. 뽕나무 열매가 오디다. 오디를 따서 먹으면 입안이 까매지기도 한다.

그리고 살구나무에 살구는 먹음직한 살구색으로 잘 익어 간다. 뜨거운 한낮 초여름 바람이 한 차례라도 불면 보릿대와 밀대만이 낼 수 있는 흰색이 반짝이는 누런색의 일렁거림의 파도에 '훅' 하고 다가오는 알곡식의 푸른 냄새를 가끔은 맡을 수 도 있다.

하지 때가 다가오면 해의 길이는 정말 길다. 저녁 8시가 되어도 밖은 훤하다. 하지가 지나면서부터 이제 해는 동지를 위해 열심히 달려간다. 해긴 여름날 저녁 거므스럼한 밀가루로 만든 수제비는 맛이 좋다. 수제비에 감자를 많이 깎아 넣고 울타리에서 딴 호박도 어슷어슷 썰어 넣어 끓인 수제비는 어머니의 손맛이 곁들여져 있는 정말 맛있는 여름 저녁밥이 된다.

서른 즈음의 안산

서른 즈음의 안산

안산시 승격이 올해로 30년이 된다. 그 사이 안산은 참 많이 변하고 발전되었다. 안산시가 반월공단이라는 배후의 도시로 계획되어 네모 반듯반듯하게 구획정리가 되어 도시가 시작되었다.

길이 제일 먼저 닦아졌고 그 위로 건설하는 차량들이 쉴 새 없이 다니며 동서남북으로 아파트 단지를 만들어 내었다. 그때 시청을 중심으로 제일 먼저 지어진 아파들이 현재 재건축에 들어가 있다.

안산은 30년 사이 인구가 급증하여 구(區)가 2개 구로 나뉘어지고 국회의원을 4명이나 낼 수 있는 중소도시로 많은 발전을 하였다.

그땐 서울을 가려면 수암동까지 가서 버스를 타야 서울엘 갈 수 있었다. 시내버스 노선도 별로 없었다. 은행이나 병원을 가려면 출근한 남편이 시간을 내야만 차를 얻어 타고 볼일을 볼 수 있었다. 병원과 은행 등 공공시설이 여기저기 띄엄띄엄 있었다. 지금의 원곡동에만 병원과 은행이 유일하게 몇 군데 있었던 것 같다. 지금의 신도시는 산 99번지로 비닐을 덮은 집들이 철거 직전이라 사람들이 사는 집, 빈집 이렇게 뒤엉켜 있었던 곳이다. 비가 오면 다닐 수가 없었다. 워낙 땅이 질어서 우스게 소리로 '마누라 없이는 살아도 장화'는 있어야 살 수 있는 곳이라고 하기까지 하였다.

그래서 고잔동 산 99번지 높은 빌딩이 지금 많아도 지하 주차장이 넓지 않은 이유가 바로 그것이다. 그곳이 바닥이 깊고 물기가 많은 기름진 논, 일명 고래실논(바닥이 깊고 물길이 좋아 기름진 논)이 이었던 곳이라서 그렇다. 지금의 중앙역사 뒤쪽으로 개천 길을 따라 가면 억새밭이 있었다. 그리고 그 길을 따라 가면 한양대학교에 닿을 수 있었다. 아이들과 함께 걷기도 하고 여름방학 숙제인 곤충채집도 어렵지 않게 할 수 있었다.

그리고 얼마 지나지 않아 전철이 들어왔다. 전철이 들어오고 산 99번지가 철거되고 멋진 도시형 건물들이 하나둘 건축되면서 도시는 그 기능을 시작하고 인구도 날로 날로 늘어났다. 얼마간 중앙역사 쪽에서 봄에 남쪽을 바라보면 모를 내어 놓은 것을 볼 수 있었다. 그리고 가을엔 그야말로 황금물결이 일렁거리는 것과 해가 넘어가는 광경과 어우러지면 화가가 되어 그림 한 폭으로 남기고 싶은 마음을 갖게 할 정도로 아름다웠었다.

전철이 들어오기 전 고잔동 산 99번지 쪽엔 낚시도 할 수 있었던 것으로 기억된다. 그리고 협궤열차도 가끔씩 지나다녔다. 그 협궤열차를 타고 소래포구까지 가는 길엔 주변의 농촌과 어촌의 풍경을 한눈에 볼 수 있었다.

우리 동네에도 사동 쪽에 포구가 있었다. 그 포구엔 먹거리가 많았다. 작은 배를 타고 나가 잡아온 잡어들이 포구 가게 앞에 수북이 쌓아놓고 팔기도 했었다.

그 포구가 도시계획에 밀려 없어졌다. 지금은 아파트들이 그 자리를 차지하고 있다. 그것뿐만 아니다. 해양연구소로 가는 길 해안도로 옆엔 바닷물이 들고 날고 했었다.

여름밤 더위를 피해 사람들이 그곳을 찾기도 했었다. 지금은 모두들 까맣게 잊고 있지만 우리들의 도시 안산은 바다를 가까이서 볼 수 있는 곳이었다. 지금은 인구 75만을 품고 있는 현대적 도시이지만 30년 전쯤엔 그랬었다.

미세먼지

4월은 참으로 아름답기 그지없다. 벚꽃과 더불어 진달래 개나리꽃이 지고 난 가지엔 연초록 잎새를 내놓아 빛나는 녹색의 대열 위에 함께 한다. 작년 겨울은 그다지 춥지도 않았는데 철쭉들의 군락엔 가지가 많이 죽어 있다. 어떤 일이 있었을까? 철쭉은 잎이 돋고 난 뒤 피는 꽃이라 눈이 부시도록 화려함이란 이루 말할 수 없다. 헌데 군데군데 죽어 있는 가지가 있다.

어느 해부터인가 꽃나무 가꾸기를 열심히 하여 시 로고도 꽃밭으로 가꾸어져 있었고 나무로도 심어져 보기가 좋았다.

도시를 가꾸고 꾸미고 하여 아름다운 도시 속에 살고 있음을 기쁘고 행복해 하였다. 해바라기도 많이 심고 튜울립꽃도 심어서 멀리 꽃구경을 하러 가지 않아도 어른 아이들 모두 좋아하고 행복해 하였다. 지금은 그 자리에 풀들이 자라고 있다. 꽃은 심지 않더라도 잘 정리가 되었으면 한다. 풀들도 그들만의 이야기가 있다. 그리고 우리에게 유익한 것을 나름 제공한다. 나무에 잎이 왕성하게 자라기 전에 가지치기를 한다. 가로수들이 쑥쑥 커서 전선과 싸움을 하는 곳엔 여지없이 가지치기를 한다. 그리고 괴사된 나뭇가지를 자르기도 하여 나무들이 무성한 잎을 내고 튼튼하게 자라게 하여 준다.

이렇게 나무가 많고 꽃이 많이 피어도 우리 건강을 해치는 미세먼지를 식물들이 막아주지 못하고 있음을 우리는 생각해 보아야 한다. 요즘 미세먼지에 대해 날씨 예보 시간에 오늘 하루의 미세먼지에 대한 좋음, 보통, 나쁨, 매우 나쁨 등으로 알려준다. 미세먼지가 우리에게 얼마나 나쁜 영향을 끼치는지를 환경청에서는 알리고 있다. 어린이와 학생들에게는 호흡기 질환을 일으키는데 한 몫을 한다고 한다. 미세먼지로 해서 천식환자도 급증하고 있다고 한다.

작년 겨울 가물어서 더하다. 미세먼지가 눈이나 비가 오면 물에 녹아들어 먼지의 양이 줄어들 수도 있지만 가물어서 올 봄엔 더욱이 미세먼지의 양이 많아 감기환자가 늘어나고 천식환자도 급증하여 내과병의원은 감기환자로 만원이다. 이 미세먼지가 사람의 호흡기질환만 일으키는 게 아니다.

식물들도 괴롭히고 있다. 가로수에 가지가 괴사되거나 철쭉꽃나무가 가지가 말라 죽어 있는 까닭도 미세먼지가 그 역할을 하고 있다고 한다. 공기 중에 있는 이 미세먼지를 막을 수 있는 방법은 아직까지는 마스크를 착용해야 한다고 한다. 그리고 물을 많이 마셔도 도움이 된다고 한다. 공기를 정화시키고 우리에게 좋은 공기를 줄 수 있는 많은 식물들도 이제 힘겨워 하고 있다고 한다.

그중 우리생활에 꼭 필요한 교통이 가져오는 손상에는 대기오염도가 포함된다. 교통으로 인해 발생하는 오염물질들이 공기중에 퍼져서 대기의 질을 떨어뜨리기 때문이다. 이들 오염물질 중에는 미세먼지도 포함되어 있다. 그렇다고 차를 안 탈 수도 없는 문제이다. 자전거를 많이 이용하고 대중교통을 많이 이용해야 한다는 것을 잘 알고는 있다. 하지만 생업에는 중요한 교통수단이 되기 때문에 이용에 대해 많은 고민을 해야 할 것 같다.

나무가 많고 꽃이 많이 있어 기름진 도시에 살고 있는 것은 분명히 행복한 일이다. 그럼에도 불구하고 미세먼지에 대해 우리가 심각하게 생각하고 대처해야 방법 등에 대해서 많이 고민하고 알고자 해야 할 것 같다.

고장의 어른들

우리 도시가 형성되어 성년의 나이가 되었다. 신도시가 형성될 때 우리나라 각처에서 와서 이곳에 터전을 잡고 앉은 세대가 이제 막 2세들의 혼례를 치루고 있다.

인구가 75만에 달하고 그 속에 세계의 여러 나라 사람들이 모여 사는 곳이라 우리 도시엔 세계에서 없는 것 빼고는 모두 있기도 한듯하다 예식장도 많아졌고 학교도 초·중·고가 100여곳이 넘는다고 한다. 대학도 4곳이나 있다. 이곳에서 우리의 자녀들은 열심히 자기의 몫을 감당하려고 기초를 쌓고, 가지고 있는 재능들을 열심히 가늠해 가며 부쩍부쩍 커가고 있다. 도시가 형성될 때의 어린이들이 지금 장성하여 가정을 이루는 도시가 바로 우리의 도시이다. 전통이 없는 신도시로 만들어졌지만 이젠 뿌리내려 우리만의 전통을 만들어야 한다.

우리 도시에는 다른 도시에서 볼 수 없는 것이 있다. 어른들의 배우고자 하는 열기로 '최고 경영자 과정'과 '리더십 과정' 등 비슷한 과정들이 많다. 어른이 되어서 무엇인가 배우는 배움의 터에서 서로를 알게 된다는 것은 사회생활 하기에는 다른 어느 곳에서의 만남보다 돈독한 교제를 나눌 수 있다. 이렇게 형성된 모임들과 향우회 모임 등이 우리 고장에는 참 많다. 여기서 맺어진 인연으로 발생되는 수료식, 체육대회, 결혼식, 각종 잔치 등에 축하와 격려를 해야 할 기회가 많다.

물론 전문성을 필요로 하는 모임하고는 이야기가 다르다. 고장 어른들의 칭찬과 격려와 축하를 듣고 싶어 하는 모임이 있는가 하면, 모임의 기득권이나 다른 모임에 자랑하고자 경쟁적으로 고장의 어른들을 모시는 경우가 많다. 여기에서 우리 고장의 어른들은 조금 생각을 달리 갖고 정말 어떤 모임에 가서 칭찬과 격려와 축하를 해야 하는지를 한번쯤은 생각해 보심이 어떨까 한다.

어른들이 많이 모이는 모임은, 모임의 성격을 구분하여 그 자리를 누군가가 대신할 수도 있다. 꼭 어른들이 계셔야 할 곳은 이 고장의 어린이, 청소년들 행사에 가셔서 칭찬과 격려와 축하를 진심으로 해주신다면 그 어린이들이 성장 과정에서 그것이 큰 밑받침이 되어 우리가 바라는 어른으로 성장할 것이라고 믿는다. 현재 미국의 버락 오바마 대통령도 어느 모임에서 빌 클린턴 전 대통령의 축하와 격려의 메시지를 듣고 그때 그 기억으로 자기의 길을 선택하여 열심히 공부하여 오늘의 미국 대통령이 되었다고 한다. 조금만 더 생각해 보면 어린이와 청소년들에게 하지 말라는 이야기는 누구나 한다. 하지만 학교 외 고장의 크고 작은 대회에서 자기만의 재능을 갈고 닦은 실력을 뽐내 그 실력을 인정받는 장소에서 고장의 어른들로부터 칭찬 받고 격려 받는 일이 우리 고장에서는 쉽지가 않다.

이 모든 일들이 어른들의 생각 없는 욕심으로부터 발생되고 있기 때문이다. 고장의 어른들은 시민들을 행복하게 하기 위하여 휴일도 식사 시간도 없이 동분서주하고 다닌다. 어린이와 청소년들을 반듯하게 잘 길러내는 문제가 그리 멀리 있지 않다. 우리 고장에서 어린이와 청소년들에게 그 기량을 칭찬해 줄 기회가 매일 있는 것은 아니다. 있다면 어린이나 청소년들은 그 시기에 꼭 필요한 기량을 인정해 주고 그 정신을 높이 여겨 준다면 자기의 진로를 선택하는 데에도 큰 도움이 될 것이다.

아주 가깝게 직면해 있는 일에만 칭찬과 격려와 축하가 이어진다면 부쩍부쩍 커가는 어린이와 청소년들은 기성세대에서 바라보는 그것보다 더 훌륭하게 클 것이다. 우리의 자녀들이 기량을 뽐내고 인정받는 자리에 넉넉한 시간으로 아낌없는 박수와 칭찬을 그리고 격려를 할 수 있는 고장의 어른들이 되시길 기대한다.

입맛

모두들 요즘 밥맛 입맛이 없다고 한다. 막상 때가 되면 무엇인가는 먹어야 할 것 같은데 먹고 싶은 음식이 딱히 생각이 나지 않는다. 봄 감기를 일주일 시달리고 나면 더욱이 그렇다. 또 먹고 싶지 않다가도 음식을 보면 먹게 된다. 우리 몸은 일찍부터 봄인 것을 알고 지금까지 먹고 마시던 묵은 것은 싫고 새로운 먹거리를 원하고 있다. 해가 길어지기 시작하니 여러 가지 비타민이 부족하다고 입맛을 통하여 우리에게 신호를 보내고 있다.

언제부터인지 잡곡밥이 좋다고 하여 웬만한 집은 잡곡밥을 해서 먹고 있다. 그 중 현미밥이 만병통치약의 수준으로 건강식이라 하여 많은 사람들이 잡곡밥을 꼭 해서 먹어야 하는 줄 알고 두서너 가지 잡곡과 현미를 섞어서 밥을 한다. 간혹 잡곡밥을 하지 않는 주부는 가족들의 건강을 챙기지 않는 듯한 분위기로 몰고 갈 때도 있다. 그것뿐만 아니다. 각종 고기도 그랬고 야채 종류도 그랬다. 과일도 역시 마찬가지다. 요즘은 그것에 대한 반론이 나오고 있다.

사람들의 치아가 32개라고 하는데 그 역할이 있다. 맷돌 기능을 하는 어금니와 음식물을 자르는 앞니 등이 있다. 우리가 먹는 모든 음식물을 꼭꼭 씹어서 먹어야 한다고 한다. 음식물을 꼭꼭 씹을 때 소화액이 가장 많이 입안의 침에서 나온다고 한다. 그리고 위에서는 3리터의 소화액이 나온다고 한다. 음식물을 급하게 많이 위로 보내게 되면 작은 양의 소화액이 다 소화할 수 없어 배탈이 나기도 한다고 한다.

어금니로 음식물을 부수고 맷돌 같이 갈 때 뇌신경을 자극하여 치매예방도 된다고 한다. 음식물을 빠르게 먹으려고 갈아서 마시게 되면 바로 장으로 간다고 한다. 장에서는 소화액이 분비되지 않으므로 소화되지 않는다고 한다. 그러면 그 찌꺼기가 장벽에 붙어 있다. 여러 가지 병을 일으키기도 한다고 한다.

다양한 매체를 통하여 우리 몸에 좋다는 수많은 종류의 먹거리가 검증도 되지 않은 상태에서 홍보되어 접하게 된다. 요즘은 흰쌀밥이 좋다는 말을 전문가들이 한다. 우선 소화가 잘 된다고 한다. 그리고 고기도 많이 먹어도 괜찮다고 한다. 고기를 주식으로 하는 외국과는 그 양이 우리가 먹는 양하고는 거리가 멀기 때문이라고도 한다. 과일도 참 종류가 많다. 수입이 개방된 덕분이다. 제철 과일이란 말이 무색할 정도로 때도 없이 국내산 과일도 생산된다.

이렇게 먹거리가 풍족하다. 이럴 때 우리들은 수많은 정보를 꼼꼼하게 확인하고 우리 가족들이 먹고 건강해야 할 먹거리를 챙겨야 한다. 아직까지는 사계절이 있어 계절마다 생산되는 먹거리를 먹고 건강을 챙겨 왔다. 그리고 우리 입맛은 대대로 봄이면 그렇게 했듯이 달래 냉이를 넣어 끓인 된장찌개와 몸보신이 되는 쑥애탕국을 끓이고 씀바귀나물의 쌉쌀한 맛으로 입맛을 돋우면 된다. 밥맛 입맛은 딱딱한 땅껍질을 뚫고 나온 그 힘이 숨겨져 있는 그리고 비타민도 듬뿍 들어 있는 봄나물로 입맛 돋우는 것이 으뜸일 것이다.

정월 대보름

눈 깜빡할 사이에 2월은 갔다. 양력으로 3월 초순이어서 새롭게 시작되는 모든 곳이 문을 열었으며 학교들도 모두 개학을 하였다. 하지만 아직 음력으로는 정월달이다. 설 명절이 지난 지 이제 보름이 되어가고 있다. 옛날엔 음력 정월달엔 하는 일이 많다. 그 정월 대보름날의 풍습이 지금까지도 전해지고 그것을 지키고 있는 곳을 가끔 뉴스를 통해 볼 수 있다.

보름 전날인 열나흘(14일) 날은 오곡밥과 아홉 가지 나물을 아홉 번 먹고 나무 일곱 짐을 해야 한다는 것을 우리는 어른들한테 들어서 알고 있다. 밥과 나물을 먹는 것은 이해가 되는데 나무를 일곱 짐을 해야 하는 것은 요즘엔 도무지 이해가 안 갈 것이다.

보름날 당일은 아침에 일어나면 아버지께서 땅콩, 호두, 잣 등을 주면서 깨뜨리게 하였다. 그것을 부럼을 깬다고 하였다. 1년 내내 부스럼을 앓지 말라는 방지의 의식이었다. 그리고는 더위를 파는 의식도 있었다. '내 더위 사가' 하는 더위를 파는 풍습도 있었다. 다가올 여름에 더위로 힘들어 하는 것을 일찍이 의식으로 대비하려는 깊은 뜻이었다.

보름날 저녁이 되면 집집마다 아이들은 쥐불놀이를 시작하려고 저녁을 일찍 먹는다. 보름날 아침이 되면 부모님들은 눈 속을 헤집고 쑥대궁을 비어다가 그것을 들 수 있을 만큼의 무게에 자식들 수대로 나이만큼 쑥대궁에 새끼줄을 묶어 횃불을 만든다. 한편에서는 동네의 장난꾸러기 남자아이들은 이 날을 위하여 깡통을 모아 두었다가 못으로 구멍을 내고 길게 철사줄로 손잡이를 만들어서 들고 여기저기 모여서 달이 떠오르기를 기다리고 있다.

집과 조금 떨어진 논 가운데에는 어른들이 등겨로 불을 집혀 놓고 얼마간의 싸리나무로 불씨를 만들어 논다. 날이 저물고 앞산에 크고 붉은 둥근달이 얼굴을 내밀면 어머니는 자식들의 쑥대궁 횃불에 집혀 놓은 불씨에서 불을 붙이고 달을 향하여 나이만큼 절을 하게 하였다. 그리고 불 붙은 횃불을 자식들의 주위로 빙빙 돌리며 무병하길 기도하셨다. 지방마다 다소 차이는 있을 수 있다. 하지만 전국적으로 깡통에 불을 집혀 철사 줄로 만든 손잡이를 들고 깡통을 빙빙 돌리기 쥐불놀이는 전국에서 같은 시간에 이루어졌다고 볼 수 있다. 그땐 정말 그 깡통 쥐불놀이 모습은 장관이었다. 깡통 안에서 나무가 타고 떨어지는 불똥은 더 멋있게 보였다.

오곡밥은 건강을 기원하며 서로 나누어 먹는다. 9가지 나물은 묵은 나물 만든다. 지금처럼 계절 상관없이 채소를 먹을 수 없었던 때에 비타민을 보충하려 하였던 지혜로움을 볼 수 있었다. 더위팔기와 부럼깨기 등은 일년간 액운과 건강을 비는 의식의 풍습이었다. 보름날 아침상엔 귀밝이술이 있었다. 아버지 상에서 술이라는 것을 정당하게 먹을 수 있었던 술이 바로 귀밝이술이다. 이 귀밝이술을 먹으면 귀가 밝아진다고 하였다.

우리 조상님들은 한 해가 시작되는 정월에 1년의 모든 계획을 세우고 기도하였다. 정월 대보름날을 맞이하여 우리 조상님들의 높고 깊은 지혜를 이어받았으면 한다. 디지털 세대에 웬말인가 할 수도 있지만 아름다운 풍습은 보존하여 우리 후손들에게 전해야만 될 것이다.

개인 정보

따뜻한 양지쪽 건물 앞에 있는 백목련, 자목련은 꽃봉오리를 드디어 터트렸다. 꽃샘추위에도 아랑곳하지 않고 그 고고하고 아름다운 자태를 드러냈다. 어느 대형 마트 옆쪽엔 햇빛이 그다지 들지 않는 곳에 벚꽃이 화려하지 않게 다닥다닥 피어 있다. 시내 어느 곳을 가도 개나리가 꽃잎을 일제히 열기 시작하여 노란 개나리꽃의 군무로 아름다운 봄꽃의 향연이 시작됨을 볼 수 있다.

나라가 부강해지면서 많은 유통업이 대형화되어 우리의 살림살이에 없어서는 안 될 몫으로 자리하고 있다. 대형 유통업체들은 많은 사람들의 소비를 불러일으키기 위해 수많은 상품들을 각종 매체 또는 여러 가지 수단으로 홍보한다. 감히 동네 슈퍼에서는 흉내조차 낼 수 없을 정도로 편리한 시설에 각 나라에서 생산되는 모든 상품들이 보기 좋게 진열하여 소비자들의 지갑을 쉽게 열게 한다.

대형 유통업체가 많이 있으면 일자리 창출로 많은 사람들이 여러 형태로 일할 수 있어서 무엇보다도 시민들이 원하는 업체다. 그리고 말로만 듣던 먼 나라에서 생산되는 공산품에서 농산물 축산물 등을 쉽게 접할 수 있어서 우리의 살림살이를 윤택하게 하는데 또한 일부분을 감당한다고도 볼 수 있다. 또 밤늦게까지 영업을 한다. 맞벌이 부부 그리고 늦게 퇴근하는 시민들이 시장을 볼 수 있게 하는 영업에도 많은 점수를 준다.

대형 유통업체가 정상적인 유통 영업으로 이익을 창출하는 기업이 되어야 한다. 하지만 요즘 대형 유통업체들이 더 많은 영업이익을 얻기 위하여 유통업체를 찾는 고객을 대상으로 하여 경품행사를 한다고 하여 개인 정보를 수집하였다. 또한 경품행사 상품으로 내놓았던 상품 등은 당첨자가 없다고 하던지 또는 업체 내의 직원들로 당첨을 하게 한다던지 하였다는 뉴스가 보도되었다. 이처럼 대형 유통업체가 고객을 상대로 어이없는 장사를 한다.

고객의 수많은 개인 정보를 수집하여 보험사에 팔고 경품이었던 상품들은 당첨자가 없다고 발표하는 등 고객을 상대로 정상적인 영업을 하지 않고 자신들의 매출 신장의 수단으로 악용하고 있다. 대형 유통업체 전반에 고객 개인 정보에 대한 어떤 인식을 가지고 있는지 여실히 보여주고 있다. 그로 인해 우리의 휴대폰에 대출해 준다는 문자와 많은 종류의 보험상품이 시도 때도 없이 문자가 온다.

우리 시민들은 이런 일이 있을 때 소비자로서의 권리를 잘 이해하고 챙겨야 한다. 기업들의 비윤리적인 기업형태를 근절하기 위해서는 우리 시민들이 똑똑하고 현명한 소비자가 되어서 더 이상은 대기업들이 유사한 부당행위를 저지르지 못하도록 하는데 많은 관심을 가져야 한다. 개인 정보 유출로 많은 어려움을 당하는 사람을 뉴스를 통해서 종종 볼 수 있다.

이렇게 회원권 또는 경품 등으로 유혹하여 우리에게 어떤 이익을 돌려준다고 할 때 꼼꼼하게 따져봐야 한다. 정보화 시대에 살고 있는 우리는 개인 정보의 중요성을 알고 있지만, 개인 정보가 유출이 되지 않기 위해서 여러 모로 다양하게 주의를 해야 한다. 우리 시민들은 소비자의 권리를 다시 한번 생각해 봐야 할 때인 것 같다.

가을 바람

가을비가 정말 가을비 같이 내렸다. 빗물이 우산 쓰기에 적당하게 살살 내렸다.

근 사흘간 주말을 포함해서 내렸다. 폭넓은 투명 우산을 쓰면 떨어지는 낙엽들이 우산 위를 장식해 준다. 그리고 길 위에 떨어진 낙엽들의 나직한 소리에 발맞추어 가을비 우산 속에서 떠나는 만추의 느낌을 깊게 듬뿍이 안아볼 작별 시간을 가질 수 있었다. 다른 해에는 하기 어려운 계절의 선물을 요즘 받고 있는 것 같다.

산모퉁이 돌아서 나의 자리로 / 오늘도 접어들었다
곱던 잎새들 까칠한 등가죽 보이며 / 어느새 야위어 가고 있다
그늘 커다랗게 드리우고 / 세상 고단함 내려놓게 하더니

버텨본들 한세상 짧게 보아 한철이라 하더니 / 창 넘어 토실한 생각 안고서 밤꽃 향기 / 속으로 내달았던 / 앞산에도 / 수런대던 잎새들 야윈 얼굴로 / 계절을 갈아입고 있다 −중략−

−김영순 시집 〈가을 앞〉에서

말랐던 낙엽들이 빗물을 조금 머금더니 그 색이 찬란하다.

은행나무 아래 수북이 떨어진 노란색 은행잎은 정말 물감을 들인 것 같은 노란 색깔로 떨어져 눈을 호사스럽게 하였다. 그리고 가을만이 우리에게 주는 행복함을 듬뿍 주고 있다.

헌데 하룻밤 사이에 나무들은 계절을 갈아입기 시작하고 있다. 아직은 떨어지기 싫어 바람을 피해 가며 달려 있던 잎새들이 바람의 심술을 못 이기고 떨어져 바람과 길을 떠나고 있다. 낙엽들은 바람이 싫지만 다음해를 위해선 부득이하게 심술을 부려야 하는 입장도 살펴야 한다. 낙엽은 바람과 동행하여 어디엔가 안착되면 그 몸 썩어 한 몫을 감당하여 다음해 밑거름이 되게 한다. 계절의 전령사 바람은 적절한 시기에 자기의 몫을 분명하게 한다.

사람들이 살아가면서 적절한 시기에 자기의 몫을 분명하게 깨닫고 감당한다면, 참 재미없을 것 같다. 어딘가 부족하고 무엇인가 모자라고 그래도 부족하고 또 모자라고 해야 살아가는데 재미도 있고 더 열심히 노력하면서 그 부분을 채우고 또 더 많이 채우려고 애쓰며 살아가면서 분노하고 싸우고 화해하고 사랑하며 살면서 우리가 자연의 일부로 살아가고 있는 이치를 천천히 아주 천천히 깨달아 가고 있는 것 같다.

물론 일찍이 깨달은 성인이나 철학자들도 있지만 지구상에 있는 많은 사람들은 이렇게 자연과의 엎치락뒤치락 하며 그것을 조금씩 받아들이고 알아가는 것 같다.

요즘 모바일의 덕분으로 지구상 한쪽 끝 뒤에서 일어나는 일들도 손바닥 안에서 우리는 볼 수 있고 알 수 있다.

우리가 지구상에서 일어나는 일을 보고 안다 해도 그것을 우리가 어떻게 할 수 없다. 하지만 지구상의 바람은 잔잔하게 또는 사나움으로 자기의 할 일은 지체 없이 그 몫을 한다.

가을 바람은 온난화로 겨울 채비가 늦어지고 있는 것을 눈치채고 비가 오면 오는 대로 나무 곁에 다가가 그 잎새들을 떨구어 텅 빈 나뭇가지만 앙상하게 있게 만들어 다가올 겨울을 대비하게 한다. 우리도 늦가을 바람이 눈짓하는 것을 알아차리고 겨울 채비를 야무지게 해야 할 것 같다.

교통질서

질서와 품위라는 것을 살리기 위해서는 가지고 있는 어떠한 힘을 자랑한다는 생각을 버리고 산뜻한 감각과 다른 사람과의 적절한 관계 유지와 남에게 피해를 주지 않으며 자기 위주의 배려가 아닌 상대에게 맞는 배려를 하는 감정 등의 요소를 생산적인 습관으로 가져야 한다. 또한 법과 규칙이 존재하지 않으면 모든 것이 평화롭게 조화를 이룰 수 없다.

안산의 차도와 사거리가 꽤 넓게 4차선 이상으로 되어 있다. 어느 날부터 신호 체계가 바뀌고 나더니 우회전 차선이 직진 차선으로 되어 있어 가끔은 성질 급한 뒷차 운전자의 신경질적인 경적 소리로 앞차는 잘못한 일이 없는데도 당황하여 신호등밑 횡단보도 위로 차를 올려놓고 신호가 바뀐 것을 볼 수 없어 뒷차가 신호해 주는 경적 소리로 출발할 때도 있다.

바쁜 일로 그럴 수도 있겠지만 뒷차도 똑같은 경우로 맨 앞줄에 정차할 것이다. 그럴 때는 어찌하는지는 알 수 없다. 특히 성포동 홈플러스 방향의 사거리엔 운전자들의 품위라고는 찾아볼 수가 없다. 그곳도 이동화훼단지에서 시청과 홈플러스 방향으로 가는 4차선이다.

좌회전 2차선에서 신호를 기다리다 보면 직진 신호가 먼저 떨어지고 한 2분 뒤 좌회전 신호가 동시에 떨어진다. 좌회전을 기다리는 두 차선의 긴 행렬의 자동차들을 무시하고 직진 차선에서 진행하던 자동차들이 맨 앞쪽으로 가서 마구잡이로 좌회전을 한다. 줄지어 기다리던 차들의 진로를 방해하면서 진행되어 자동차들이 뒤엉키는 사거리의 모습이 꽤 오래 되었다. 그 어떤 제지도 없다. 모범운전자가 나와서 봉사를 하는데 어떤 봉사를 하는지 아무렇지도 않게 넘어가고 교통경찰이 있어도 별 상관없이 자동차들의 흐름은 계속 이어진다.

버스는 물론이고 자가용도 큰 자동차들이 속도를 내어 차선을 넘나든다. 우리 시민들은 참으로 훌륭하다. 그들의 횡포를 보고도 질서와 품위를 지키고 꾸준하게 자기의 차선을 이탈하지 않고 양보하여 주는 커다란 마음을 보여주는 아름다운 모습이 우리 시민의 모습이다. 그리 멀지 않은 때 홍콩과 중국엘 여행했다. 홍콩서 버스를 타고 여행길에 올랐을 때 왕복 2차선 차도 위에 갑자기 운전자는 차를 세웠다.

차창 너머로 차도를 보니 맨홀 뚜껑이 열려 있었다. 사람 2명이 무엇인가 하고 있었다. 운전자는 그들에게 묻지도 않고 공사하는 사람도 와서 어떤 일인지를 이야기도 하지 않았다. 무엇인가를 4~5분 정도하고 맨홀 뚜껑을 덮고 진행하라는 손신호로 출발하였다. 물론 운전자는 우리에게 양해의 말은 없었지만 그들의 국민성을 볼 수 있었다. 중국 위해라는 도시에서는 대형버스가 역주행을 하는데 차선을 내주고 비켜가며 양보하여 주는 것도 심심치 않게 볼 수가 있었다.

무엇보다도 우리는 세계에서 선진국이라는 대열에 서 있다. 선진국은 경제만 선진국이 아니라고 본다. 무엇보다도 질서와 품위가 우선 되어야 다른 모든 것도 선진국이라고 일컬을 수 있다고 본다. 차선을 넘나드는 버스엔 학생들이 등하교하기 위해 타고 있다. 얼마 지나지 않아 그 학생들이 성년되어 운전면허를 취득하게 될 것이다.

학생들의 기억 속엔 어떤 기억으로 자리하여 운전할 때 질서와 품위 있는 운전을 할지 걱정이 앞선다. 법과 규칙에만 매달리지 말고 각자의 책임이라는 것으로 조화를 이룬다고 생각하면 결국 우리가 마음먹기에 따라 질서와 품위 있는 운전자가 될 것이다.

물길 바람길

4월 하순경에 벚꽃이 만개하려던 때에 비가 많이 와서 그 아름다운 흰빛 분홍의 벚꽃을 올해엔 다 눈에 넣어 두지 못한 채 보내야 하는 아쉬움이 있었다.

그 후론 이렇다 할 비가 오지 않아 하지의 절기 속에 우리 도시 주변에 있는 크고 작은 호수와 저수지가 바닥을 보이고 있다. 5분 정도의 거리에 논농사와 밭농사가 지어지고 있다. 어디 그것뿐인가.

요즘은 주말농장이라고 해서 친환경으로 직접 키워 여름 야채를 식탁에 올리려고 재배하는 곳을 주변에서 어렵지 않게 볼 수 있다.

직장에서 아니면 경영하느라 바빠진 머리를 힐링하게 하는 우리에게 영원한 멘토인 자연에게 지혜를 배우는 좋은 장소에 익숙하지 않은 농사 솜씨로 지은 채소에 알부민 같은 물이 없어 말라서 죽어가는 작물을 보면 안타까움이 넘친다. 주말농장은 그렇다 치더라도 논에 모내기를 해놓았는데 물이 없어 논바닥이 갈라진 것을 보면 가슴이 아프다.

예전엔 논에 물이 없으면 방죽이라고 논 귀퉁이에 샘물이 터져나오는 것을 막아 놓아 저장하여 물이 급할 땐 그것으로 서로서로 물길을 터서 비가 올 때까지 급한 대로 사용해서 한 해의 농사의 근본이 되는 벼농사의 초기를 잘 이끌어 나갔다. 그러나 현대문명이 이렇듯 발전이 되었는데 물이 없어 논바닥이 갈라져 모낸 것이 말라 죽어가는 것을 보고만 있어야 하는 21세기의 농부들의 마음은 예전의 농부들 보다 더 심한 충격을 받을 같다.

옛날엔 사람 수도 적었고 산업화되기 이전이라 공업용수도 그렇게 많이 사용하지는 않았지만 요즘은 늘어난 인구만큼 닦고 씻고 발전된 산업화에 쓰이는 그 물의 양만 해도 대단할 것이다.

온 지구의 이런저런 이야기는 손바닥 보듯이 정보를 공유하면서 하늘에서 물을 보내주지 않으면 이렇듯 힘든 시기를 보내고 있다. 우리나라에 어느 마을이고 가면 물안골이라는 이름을 가진 곳이 많다.

이런 이름을 가진 마을 한쪽엔 깊은 산 얕은 산 할 것 없이 물이 충분히 있어 항상 물이 흘렀다.

하지만 지금은 그곳에 가면 모래와 작은 돌과 바위들만 그 자리를 지키고 있다. 우리나라는 물이 많이 흐르고 나무가 많이 우거지면 관광명소라고 한다.

마을마다 작은 계곡과 이어져서 흐르는 물을 흔하게 볼 수 있었던 개울과 도랑이 있었다.

물론 전문가들이 알아서 잘 하겠지만 자연이 낸 물길 바람길을 돌려놓거나 막지 말아야 한다. 하찮은 개울이라도 물길을 살려둔다면 그 물길이 우리의 생명물이 될 수 있다. 우리 안산에도 반월동, 사사동 등 물이 흐르는 계곡과 개울이 있다.

이런 곳을 잘 관리 보존한다면 자동차를 타고 멀리 가지 않아도 요즘에 만들고 있는 자전거 길과 통하게 된다면 온가족이 자전거 하이킹으로 그곳 흐르는 물에 발을 담글 수도 있고 주변의 농산물과도 쉽게 접할 수 있어 구매가 이루어질 수 있으니 다방면으로 효과를 거둘 것이다.

세월이 흐르면 흐를수록 계곡과 개울이 방치되어 관리되지 않는다면 작은 개울과 도랑은 씻기어 내려온 빗물에 둔덕이 없어져 훼손되어 없어질 것이다.

멀지 않았던 70년도엔 벌거벗은 산에 나무를 심자고 해서 식목일엔 온 국민이 나무를 심었다. 그 덕분으로 산은 나무가 울창하고 푸르다.

그때 나무를 심었던 정신으로 온 나라가 캠페인이라도 해서 물을 아끼고 하늘에서 보내주신 물의 양을 잘 관리하면 지금과 같은 일은 없을 것이다.

감자, 양파와 마늘이 수확될 때쯤 그리고 보리가 누렇게 익어 가고 보리밭 사이 살구나무 한 그루에 살구가 새악씨 볼처럼 익고, 오디가 익어서 뽕나무 밑에 까맣게 떨어질 때쯤이면 장마는 시작되었었다. 하늘에 다같이 기도하자 물을 내려 달라고….

기념일과 문화

우리 고장으로 이사 온 분들의 사연을 들어보면 간혹 상록수라는 이름이 있어서 그리고 소설 속의 최용신이 생각나서 안산으로 이사 온 분들도 있다. 우리의 역사 속에서 살아 숨 쉬는 분들이 우리 고장에 계시다는 것이 얼마나 큰 자산인가를 가끔은 잊고 있다.

우리 고장에도 크고 작은 문화재와 조상들이 남기고 간 빛나는 뜻과 얼이 곳곳에 숨어 있다. 숨어 있는 그 뜻과 얼을 찾아내어 우리 시대에 맞게 구상하여 여러 문화사업으로 이어나갈 수 있다. 또 그렇게 해서 안산에 살면서도 생업으로 직접 찾아볼 수 없는 시민들에게도 문화행사로 기획되어 공연되고 연주가 된다면 많은 관심을 갖게 할 수 있다. 그러면 우리 고장에 대한 시민들의 애향심도 깊어지게 될 것이다.

오는 1월 23일이 채용신 선생 서거 80주기가 되는 날이다. 이 날을 아는 일반 시민들은 별로 없다. 관계되는 기관과 시민들만 알고 있다. 몇 주기를 기념하는 것을 시민들이 다 알아야 하는 일은 아니다. 다만 80년 전의 조상들이 우리 고장에서 어떤 뜻을 세우고자 했으며 어떤 정신으로 그 시대에 그 일을 했어야 했는지를 알았으면 하는 것이다. 우리 고장에 조상의 얼과 뜻이 숨어 있는 곳을 요즘 유행하는 찾아가는 체험 학습장으로 만들어 자라나는 유치원생 그리고 중, 고생들이 찾아가 체험하면 역사 공부에 도움될 뿐더러 청소년들이 우리 고장을 사랑하며 자부심을 갖게 될 것이다. 더 나아가서는 나라사랑 하는 마음을 갖게 하는데 큰 도움이 될 것이다.

우리 고장 축제에서는 여러 나라 고장의 문화를 볼 수 있다. 축제에서 다른 나라의 문화를 볼 수 있다는 것은 두말할 나위도 없이 좋다. 찾아다녀 볼 수 있는 기회가 시민들에게는 그리 많이 있지 않을 것이다. 그러므로 다른 나라의 문화와 우리 고장의 문화유산을 함께 볼 수 있는 행사가 함께 이루어진다면 좋을 것이다.

프랑스에서는 국가적으로 1월부터 12월까지 봄, 여름, 가을, 겨울의 행사를 한다. 물론 프랑스는 나라 자체가 수많은 유물과 보물들로 꽉 찬 나라이기 때문이기도 하다. 여기서 현대에 생긴 행사 하나를 보면 동네 식사라는 행사가 있는데, 1991년 프랑스 남부의 툴루즈에서 모르고 지내는 동네 사람들이 서로 만날 수 있는 기회를 마련하기 위한 동네 식사 모임이 개최되었다. 이것이 시초가 되어 전국적인 행사로 발전하여 2002년부터는 6월의 첫째 금요일로 정해진 행사로 하고 있다.

이처럼 현대에 만들어진 특별한 생각을 기획하여 행사화하고 있다. 우리 고장은 30년 역사 속의 다른 고장에서 볼 수 없는 우리의 문화가 있다. 단체와 모임이 유독 많다고 한다. 이것 또한 우리 고장만의 문화이다. 여러 행사를 면면히 살펴서 새로운 것과 옛것을 잘 살리고 접목시키는 일을 만들어서 우리 고장만의 특별히 정해진 행사를 한다면 우리 고장만의 문화는 다른 고장이 따라올 수 없는 부가가치가 있는 도시가 될 것이다.

여행

우리의 살림살이가 넉넉해지면서 국내는 물론이고 해외여행을 요즘은 웬만하면 모두들 즐기고 있다. 봄, 여름, 가을, 그리고 겨울 여행까지 계절마다의 아름다움과 그 계절마다 계절이 주는 귀한 선물을 볼 수 있고 느낄 수 있는 행복함에 취해 보려고 여행을 떠난다.

그리고 가끔은 국내 여행을 하다가 평소 전원생활을 꿈꾸던 곳을 찾게 되면 다니던 직장을 그만두고 터를 잡고 꿈꾸던 생활을 시작하기도 한다. 외국인도 우리나라에 여행을 왔다가 아름다운 곳을 발견하고 귀화하여 터를 잡고 아름다운 꽃과 나무를 심고 가꾸어 그것을 많은 사람들과 함께 하려고 한다. 수목원 하면 보통 경기도 광릉수목원을 생각한다. 하지만 요즘 사설 수목원이 많아졌다.

그곳엘 가보면 상상 그 이상의 만족한 행복감을 느낄 수 있다. 평소 접하기 어려웠던 나무와 꽃들이 저마다의 멋지고 아름다운 자태로 우리를 맞이한다. 그곳에 가꾸어진 진귀한 나무와 아름다운 꽃을 보면 우리가 모르는 것이 참으로 많다는 생각을 하게 한다.

물론 식물에 대한 지식이 많은 사람은 제외하고 일반 사람인 우리를 깜짝 놀라게 하는 식물들이 정말 많다. 산 속에 큰 연못까지 갖추어 그곳에 핀 여러 종류의 수련꽃을 보면 더욱 더 그런 생각을 하게 한다.

지구상의 식물들은 그들의 원래의 자리에 본래의 모습이 있었을 터인데 기후와 기온이 다른 우리나라에 와서 뿌리내려 자라고 꽃을 피운다는 것에 놀라면서도 지구의 생태계가 변하고 있음을 또 한번 짐작하게 한다. 우리 도시에서도 언젠가 가로수를 후박나무로 심었다가 괴사된 때도 있다. 따뜻한 지방에서 잘 크는 후박나무를 추운 우리 도시에 심어서 살지 못했다. 헌데 요즘은 그때 그 후박나무가 몇 그루 살아 있음을 볼 수 있다.

요즘은 농원도 많다. 농원하면 대형 갈비집을 연상하게 한다. 몇 해전만 해도 갈비집들이 농원이라고 하여 야외예식도 유치해서 결혼식도 했었다. 하지만 이제는 그것도 세월의 흐름에 따라 변하여 허브농원이라는 이름을 갖고 가까운 거리의 어느 곳에 가도 몇 곳씩 또는 꼭 하나쯤은 자리를 잡고 온갖 허브를 심고 가꾸어 그 예쁜 꽃과 향으로 우리를 부른다. 좋은 향기를 맡게 하고 아름다운 꽃을 보게 하고 더불어 차를 마시며 생음악을 듣게 하여 찾는 이들에게 힐링을 하게 한다고 한다.

도시에서 바쁘게 움직이고 살다보면 언제 새싹이 나고 언제 꽃이 피고 나무에 잎이 돋아 푸르러졌는지를 생각해 볼 여유도 없이 훌쩍 계절이 바뀔 때도 있다. 수목원 나무들의 이름표를 보고 그 이력에 놀라서 귀한 기쁨과 푸른 행복한 마음을 가질 수 있다.

그리고 농원 원예작물에 오밀조밀 핀 꽃들과 그 향으로 우리의 마음과 정신을 정화시켜 우리의 피곤함을 물리쳐 주는 자연 병원이기도 하다.

여행은 종류와 목적에 따라 달라질 수도 있지만 짧은 시간에 가볍게 떠나서 만나는 귀한 기쁨과 푸른 행복함을 누릴 수 있는 6월의 향기로 마음과 정신을 정화시키는 수목원이나 농원을 찾는 행복한 여행을 시작하면 좋을 것 같다.

푸른 5월

라일락꽃 향기가 날리는 5월 초하루가 되던 날 휴대폰에 5월을 축하하는 문자가 많이 뜬다. 그러고도 여러 채널을 통해 계절의 여왕인 5월에 행복과 축복이 있기를 기원해 주는 글들이 가까운 사람들끼리 주고받는다. 몇 번 춥고 덥고 하더니 벌써 하는 말과 함께 入夏다. 여름이 시작되는 때에 있는 것이다. 기온이 비오는 날을 제외하고는 초여름의 날씨다.

시내를 조금 벗어나면 논의 묘판에 어린모들이 파랗게 묘판을 가득이 메우고 있다. 꽃집들이 밀집해 있는 곳엔 봄채소들의 모종들이 많이 나와 있다. 고추모종도 큰 키로 바람에 부대끼며 한자리 차지하고 있다. 온난화 현상으로 봄이 짧아졌다고는 하지만 음력으로 절기를 따져보면 요즘 일기와 비슷하다. 우리가 음력을 잘 사용하지 않고 양력으로 모든 일상생활이 이루지기 때문인 것 같다.

여린 연두색을 띠던 잎들과 풀들이 어느새 건강한 진초록색으로 갈아입는 계절이라고 계절의 여왕이라 한다. 가장 건강하게 보여서 계절의 여왕이라고 한 것 같다. 건강하고 아름다운 5월은 많은 기념일이 들어 있다.

달력을 보면 5월은 어린이날부터 시작해서 어버이날, 스승의 날, 성년의 날, 부부의 날, 석가탄신일 등 그외 기념일로 한 달을 채우고 있다. 기온도 밖에서 활동하기 좋은 알맞은 온도다. 어른 아이 모두가 함께 야외 활동하기가 참 좋은 계절이다.

5월은 야외공연과 전시회와 여러 모양의 행사도 크고 작게 많은 곳에서 열리고 있어서 눈과 귀를 조금만 관심 있게 기울이면 평소 듣고 싶었던 음악, 보고 싶었던 그림, 또 갖고 싶었던 물건들을 멀리 가지 않아도 듣고 보고 구입할 수 있다.

가족 모두가 함께 공연과 음악회 전시회 등을 함께 하여 가족들 간의 끈끈한 정을 더욱 더 깊숙이 쌓고 불편한 일들이 있었다면 서로에게 불편함을 해소하는 기회도 만들어 볼 수 있을 것이다.

이팝나무에 꽃이 활짝 폈다. 이팝나무 꽃말은 영원한 사랑이라고 한다. 화려한 봄꽃이 떨어질 즈음 화려하지 않게 하얗게 꽃을 피우는 이팝나무꽃은 꽃명이 흰쌀밥알과 꽃잎의 모양이 비슷하다고 이팝꽃이라고 했다고 한다. 흰꽃들이 신록과 잘 어울려서인지 5월엔 흰꽃들이 많이 피는 것 같다.

이팝꽃이 질 때쯤이면 산쪽 가까이 있는 마을에는 향긋한 향수를 뿌려주는 아까시아꽃이 핀다. 늦은 저녁 산책길에 훈풍을 타고와 코끝에 맴도는 아까시아 꽃향은 행복함을 준다.

얼마 전만 해도 아까시아나무가 많아 온 시내를 향긋한 향으로 며칠 간을 어디서 날아온 향기인가 하고 코를 벌름거리며 향기나는 쪽을 찾다가 아까시아 꽃향인 것을 눈치 채기도 했었다. 우리는 바쁘다는 이유 아닌 핑계로 계절이 바뀌어 가는 것을 놓치기 쉽다. 하지만 조금만 여유를 가지고 바라보면 5월이 주는 푸르른 행복감에 빠질 수 있다. 푸르른 행복에 빠져 있으면 우리 모두는 건강하다.

신록이 우거지기 전 푸르름이 눈부시도록 빛나는 아름다운 5월은 우리 모두에게 주는 선물이다. 선물 속에 있는 그것을 소중하게 간직하면 기름진 삶의 한 부분으로 남을 것 같다.

칸나꽃과 추석

우리 고장은 산과 바다가 다 함께 있어 참으로 아름다운 도시이다. 그렇게 바다를 지척에 두고도 여름내 찌든 도심의 공간에서 뒤척이다 가을 바람이 조석으로 소슬하게 창문으로 넘어오는 9월에야 철든 아이처럼 정신을 가다듬게 한다.

안산에서 대부도를 가려면 시흥시를 거쳐서 간다. 도시를 통과하여 조금만 지나면 바닷바람이 마중을 나오는 방조댐의 넓고 시원한 도로를 시속 80km로쯤으로 달려가다가 오른쪽 왼쪽의 넘실대는 바다를 보면 쌀독에 쌀이 꽉 차인 행복감에 빠진다.

멀리 보이는 큰 배 작은 배들이 움직이지 않는 듯이 보이고 그 위를 갈매기들은 유희하듯이 날고 있다.

얼마 전만 해도 저녁노을이 쉬어가는 바다를 볼 수 있었는데 이젠 특별한 장소를 가야지 그 광경을 볼 수 있다.

바닷가 근처에 넓게 자리 잡은 포도 과수밭엔 영글어 가는 포도가 종이 봉지에 싸여 촘촘히 달려 있는 광경도 볼 수 있어 풍요로움의 행복한 도시이기도 하다.

며칠 전에는 조력발전소가 준공을 하였다. 시화호 조력발전소는 세계 최대 무공해 녹색성장을 견인하고 대규모 해수유통을 통해 시화호의 수질도 개선된다고 한다. 여기서 생산되는 전력은 인구 50만 규모의 도시 가정에 공급할 수 있는 양이 된다고 한다. 21세기에 우리가 살아가기 위해 요구되는 첨단의 과학과 기술로 부합되는 여러 가지를 얻기 위해서는 개발하고 새로이 만들어야 한다.

하지만 우리나라에서도 아름다운 서해의 우리 대부도 본래의 것을 없애지 말고 보전 유지시켜 지키는 것이 우리가 앞으로 멀리 보고 해야 할일 같다.

그 예로 시내에서도 볼 수 있었던 사리포구가 있었다. 그 사리포구를 유지 보전시켰다면 지금쯤엔 두말 할 나위 없이 포구가 있는 더 아름다운 도시가 되었을 것이다. 있던 것을 유지하여 시대에 맞게 발전시키는 것이 지금 이 시대를 살아가는 우리가 해야 할 몫이다. 88올림픽이 개최되던 해엔 온 나라가 가꾸어지는 몫으로 꽃들도 많이 심어졌다. 우리 고장도 꽃 심고 가꾸는 일에 동참 했다.

추석이 다가올 때쯤이면 칸나꽃이 우리 도시에 들어오는 길목마다 긴 목을 세워 찾는 이에게 환영인사를 했다. 지금 이런 자리엔 여름풀들이 억세게 자라서 이리저리 누런 잎들을 서로 부대끼며 엉거주춤한 모습으로 도시의 분위기를 살리지 못하고 있다.

서민들의 경제가 어렵고 힘들어도 유년시절에 보았던 꽃이나 들녘에 익어가는 곡식들은 보면 마음에 위안을 받기도 한다.

또한 여름이면 멀리 나가지 않아도 되는 대부도의 해변을 잘 가꾸어서 별이 보이는 밤에 모래사장에 누워 밤배가 닻을 내리고 있는 광경도 어슴프레이 볼 수 있고 한낮에 힘들게 잠수를 하던 갈매기들이 포근히 쉴 수 있는 도시의 해변을 만들어야 한다. 다른 도시에 비해 우리 고장은 녹지율이 75%가 넘는다고 한다.

도시가 탄생되면서 만들어졌던 조형물들을 재정비하여 시대가 바라는 모습으로 다시금 자연과 어우러져 설치된다면 시민들 또한 기뻐할 것이며, 이 고장에 살고 있음을 자랑스러워하고 추석이면 역귀향하는 풍습이 생겨나지 않을까 하는 행복한 고민을 하는 아름다운 도시를 우리 모두가 만들어야 할 것이다.

갈대와 억새

갈대와 억새

충청도 지역엔 가을 가뭄으로 식수가 모자란다는 뉴스를 접하면서도 푸르디푸른 가을 하늘이 요즘 계속 되어 그 어느 해보다도 아름다운 가을에 마음들을 빼앗기고 있다.

가을이 보이는 언덕

집힐 듯 다가오는 가을 / 소슬바람에 들꽃은 흔들리고
풀벌레들 어디로 떠나는지 / 이별의 노래를 합창한다
오솔길 따라가던 저녁노을 / 구름 위에 머물면
들판에 익은 곡식 / 영롱한 꿈에 취한 채 / 휘청거린다
숨 가쁘게 도시를 맴돌던 바람 / 맑은 개천가에서 목축이고
눈을 들어 언덕을 바라보면 / 코스모스 길 따라 가을은
먼 길 떠나고 있다

—김영순 시집 「시월의 정」에서

길가에 요즘 은행알들이 쏟아져 길을 자나가는 사람들이 냄새에 잠깐은 코를 잡고 가지만 도시에서도 풍요로운 가을을 보고 느낄 수 있다. 모과는 가지가 휘어지게 열어 익어가고 있다.

찻길에 떨어진 은행알이나 모과가 익기도 전에 없어지더니 올해는 은행알도 그대로 있고 모과도 가지를 늘어뜨린 채 아직 남아 있다. 요즘 날씨가 정말 좋다. 도시에서 밤하늘을 올려다보면 달이 뜨는 날이나 달은 볼 수 있지만 별을 보기란 쉽지 않다. 헌데 요 며칠 밤하늘을 올려다보면 반짝이는 별을 볼 수 있다. 총총하게는 보이지 않아도 뜨문뜨문 반짝이는 별을 볼 수 있다.

이 짧은 가을을 만나러 잠깐의 여유를 내어 안산천변과 화정천변 길을 걸어도 가을에 푹 빠질 수 있다. 그리고 경기미술관 앞 작은 호수 주변에 핀 갈대꽃을 볼 수 있다. 가을 꽃 중에 갈대꽃은 가을 바람에 실려 반짝이며 이리저리 나부껴 한 무리 철새들의 군무를 보는 것 같다.

갈대와 억새를 가끔은 혼돈하는 것 같다. 갈대와 억새는 화분과(벼과)의 식물이라고 한다. 자라는 토양도 약간은 다르다고 한다. 억새는 밭둑이나 얕은 산자락과 산등성 등에 자란다. 갈대는 습지, 하천지, 연못 가장자리에 자란다고 한다. 갈대는 바닷물과 강물이 만나는 소금기가 있는 땅에서도 잘 자라는 특성이 있다고 한다. 그래서 때론 갈대를 염생식물로도 분류한다고 한다.

갈대는 낙동강 하류와 순천만의 갈대밭이 유명하다고 한다.

억새꽃 축제도 여러 곳에서 한다. 가을의 전령사인 갈대꽃밭과 억새꽃밭의 추억을 삶의 한쪽에 한 폭 그려 넣으려고 많은 사람들이 찾는다. 갈대꽃은 갈색으로 핀다. 그리고 억새꽃은 은색으로 피어 가을 햇살과 잘 어울려 일렁거리는 모습은 은색 바다물이 파도치는 것 같다.

합창으로 목청을 뽐내던 벌레들도 노래를 마무리하며 안식처로 숨어들고 있다. 바람은 가을 물감을 들고 이리저리 햇빛 따라 다니며 푸른 잎에 물감들이기에 더 열중한다. 걷기에 좋은 때다. 더 깊은 가을이 오기 전 갈대습지 공원엘 가보면 갈대꽃의 향연을 볼 수 있다. 가을이 안산에 가득이 내려앉아 있다. 걷기 산책로가 잘 되어 있는 동네의 여러 곳을 운동도 더불어 하고 가족과 친구와 이 가을을 꼭 잡고 사색에 잠겨 보는 것도 괜찮을 것 같은 때이다.

제철 과일

지난 22일이 하지였다. 뜨거운 여름의 시작인 것이다. 농가에서는 올해 뿌려할 종자는 다 심은 상태이다. 그 중 콩은 늦게까지 심을 수 있는 작물인데 이젠 그것도 심으면 가을에 추수가 어렵다. 모든 씨앗의 파종이 끝난 시기다.

올 6월은 농가에서는 모내기를 해놓고 가물어서 걱정이 이만저만이 아니다. 농가에서는 옛날이나 지금이나 논에 모를 심어놓고 물 대는 일에 총력을 기울인다. 가을 추수 때 지금의 물대기가 수확의 양을 좌우하기 때문이라고 한다.

새싹이 나오고 온갖 꽃이 피고 하던 때는 벌써 잊어버려 가고 있다. 더워지고 있는 날씨로 바람이 많은 곳과 시원한 것만 찾는다. 과일이 요즘은 때도 아닌데 많이 나와 있다. 딸기는 초봄에 나와서 잠깐 선을 보이고는 곧 사라졌다. 하우스라는 곳에서 사계절의 과일들을 시도 때도 없이 내논다. 어떤 과일이던 과일의 철보다 일찍이 상품을 내놓으면 가격을 훨씬 잘 받을 수 있어서 라고 한다. 제 철보다 일찍 먹을 수 있는 것은 좋다. 하지만 과일들이 나오는 시기가 아예 없어질 수도 있을 것 같다.

모든 과일들의 단맛은 품종을 개발해서인지 당도가 정말 높다. 지금까지는 수박을 잘 골라야 본전이었다. 잘 익었어도 쪼개면 달지 않아 화채를 많이 만들어 먹었다. 물론 작은 양의 수박을 많이 늘려 먹는 수단이었기도 하지만 우선 잘 익었어도 보통은 달지 않았다. 그때는 수박 값이 더 가격이 높았었다.

6월 하순경에 맛볼 수 있는 오디와 살구가 요즘 잘 없다. 과일코너에서도 어쩌다 볼 수 있는 과일들이 되어 있다. 오디는 건강식품으로 개발되어서 특별하게 농가와의 약속이 있어야 구입할 수 있다.

살구를 선호하는 사람들이 적어서인지 귀하게 어쩌다 볼 수 있다. 살구의 씨는 여성 미용에서 미백 작용이 뛰어나서 옛날 어머니들은 많이 사용했다. 요즘도 살구씨 미백 화장품도 있지만 더 좋은 재료들이 있어 뒤로 밀린 것 같다. 옛날 대중가요 노랫말에 있는 앵두도 지금이 제 철이다. 앵두도 귀하여 보기가 쉽지 않다. 짧은 시간에 나오고 없어지는 과일이기는 하지만 앵두를 아는 사람이 많지 않다. 그래서인지 상품화가 되어 있지 않다.

우리 땅에서 나오는 과일들은 제 철에도 보기가 어려운데 과일상점이나 대형마트 과일코너에 가면 버찌라는 열매는 잘 포장되어 가격도 높게 책정되어 진열되어 있다. 수입 개방으로 여러 나라의 모든 과일을 볼 수 있고 먹을 수 있다는 것은 좋은 일이다. 하지만 우리 땅에서 나는 제 철 과일이 어떤 것이 있는지 잊어서는 안 될 것 같다.

매실이 우리의 건강에 좋다고 하여 매실청 담그기를 많은 가정에서 가정마다 특별하게 구입하여 담근다. 매실을 많이 심은 어느 농가에서 방송에 나와서 매실의 효능을 홍보하여 유행을 시켰다. 그렇듯이 우리가 많은 관심을 가지고 우리의 제 철 과일을 많이 알고 구입하여 먹어야 한다. 그러면 잊혀지지는 않을 것 같다.

장미

오월은 장미의 계절이다. 장미가 꽃 중에 꽃의 여왕으로 많은 사람들로부터 사랑을 듬뿍이 담고 있어 사랑하는 사람과 아름다운 사람을 장미와 같다고들 표현한다.

그래서 사월과 오월이 부르는 노랫말 가사에도 당신은 장미를 닮았고 장미향이 난다고 했다.

> '당신에게선 꽃내음이 나네요 / 잠자는 나를 깨우고 가네요 / 싱그런 잎사귀 돋아난 가시처럼 / 어쩌면 당신은 장미를 닮았네요 / 당신의 모습이 장미꽃 같아 / 당신을 부를 땐 당신을 부를 땐 장미라고 할래요.'

아파트 단지가 조성되면 울타리에 넝쿨장미를 심어 1, 2년 자라면 근사하게 울타리에 빨갛게 핀 넝쿨장미를 볼 수 있다. 학교 울타리에도 어느 잡지에서 사진으로 볼 수 있었던 것처럼 보기 좋게 넝쿨장미를 가꾸어 등하교 길에 청소년들의 마음을 빼앗을 만큼 아름답게 피었다.

장미는 그 종류가 많다고 한다. 장미를 대표한다고 할 수 있는 흑장미와 빨간장미, 노란장미, 주황장미, 분홍장미를 주변에서 우리가 자주 볼 수 있는 색깔의 장미꽃이다.

차도의 중앙 분리대에 심어져 핀 장미꽃을 신호대기하는 짧은 순간에도 감상하며 오월임을 새삼 느껴보기도 한다.

노적봉 공원엔 장미정원이 만들어져 많은 시민들이 늦가을까지 피는 장미꽃을 감상할 수 있다. 장미꽃이 만개한 이즘엔 많은 공연들이 장미꽃과 더불어 시민들과 함께 했다.

장미꽃은 그 자태가 고혹적이고 매력이 넘친다. 사랑하는 연인들 사이에서는 꼭 필요한 꽃으로 되어 있다. 사랑을 고백할 때 한두 송이가 아닌 장미꽃 100송이 이상을 고급스럽게 포장하여 전달하고 고백을 해야 사랑이 이루어진다고들 여기고 있다. 장미꽃 자체가 아름다운데 거기에 포장을 하여 그 자태를 더 값지고 귀하게 만든다.

꽃들 중에서 이렇게 귀하게 대접 받는 꽃이 얼마나 있을까 싶다. 귀한 대접을 받기에도 적합한 장미꽃이기도 하다. 꽃대궁에

예리하게 돋은 가시는 누구의 범접을 쉽게 허락하지 않아서 일지도 모르겠다. 장미꽃 한 송이 한 송이가 눈으로 보기엔 똑 같다고 여기지지만 가만히 들여다보면 그 모양이 다르다. 장미꽃의 색깔에 따라 그 향기도 각기 다르다.

장미꽃의 꽃말은 색깔마다 다르지만 사랑, 애정, 행복한 사람의 뜻으로 우리가 많이 쓰고 있다.

나지막한 담장을 넘어 핀 장미꽃 그리고 넝쿨꽃으로 아파트 담장을 온통 빨갛게 물들인 꽃, 차도 중앙분리대에 눈길을 끌어당기기에 부족함이 없이 탐스럽게 핀 노란 장미꽃, 그것을 보는 우리 모두는 행복하다는 생각을 한다.

꽃은 인간에게 상징이자 언어이며 예술이자 문화로 희로애락의 자리에서 함께 한다. 꽃은 아름다움과 향을 통한 시각, 후각, 촉각으로 우리에게 긍정적인 영향을 준다. 또한 꽃은 계절을 알리는 아름다운 전령사로 우리의 삶 속에 특별한 순간을 함께 한다. 그리고 다양한 행사에 빠지지 않는 하나의 문화로 자리 매김하고 있다.

우리 도시를 상징하는 장미를 좀 더 가꾸어서 우리만의 문화로 함께 뿌리내리도록 힘써야 하겠다.

박물관(博物館)

언제부터인지 여름 끝에 늘 국립중앙박물관을 찾았다.

올해도 건너뛰지 않고 9월 초순까지 전시되는 이스탄불 왕들의 삶을 보러 갔었다. 방학이 끝났는데도 박물관은 학생들로 인산인해를 이루었다. 그 넓은 국립중앙박물관은 유물을 보러온 많은 사람들로 전쟁터를 연상케 했다.

외국인도 많이 와 있었다. 건물도 흡족하리만치 깨끗하고 웅장하고 아름다웠다.

식당가도 잘 정리되어 깨끗한 장소에서 그리 비싸지 않은 음식을 먹을 수 있었고 한정식 식당가도 고풍스럽게 호수 주변으로 잘 배치되어 있어 가족들의 연회장으로도 만족할 것 같아 보였다.

역시 서울이라는 느낌이 들었다. 그 많은 인파가 물밀듯 왔다

갔다 해도 종이 한 조각이나 음식 담았던 봉투 하나가 버려지지 않았다.

우리 고장은 이제 한창 젊은 도시이다. 수도권의 도시이지만 우리 고장의 시민들은 나라에서 무슨 일을 하던 빠지는 일이 없이 참여되고 그 성과 또한 대단하게 이루어낸다.

이번 런던올림픽 양궁 금메달리스트의 집이 안산이라고 한다. 젊은 우리 도시에는 중앙도서관, 문화예술전당과 와스타디움, 경기미술관, 성호기념관, 최용신기념관 등이 있다. 여기서 보면 각기 건물의 내용에 맞게 시설물을 세우고 시설물 내용에 맞는 의미가 있고 가치가 있는 것을 수집 또는 발굴하여 전시 또는 보관하여 관람하게 하고 있다.

박물관(博物館)이란 무엇인가. 역사, 민속, 산업, 과학, 예술 등에 관한 자료를 널리 수집하여 보관하고 전시하여 사회교육과 학술연구에 도움이 되게 하는 시설이다.

세월이 많이 흐른 뒤 박물관을 세우고 박물관이 필요로 하는 내용들을 발굴하고 수집하다보면 그땐 필요 경비도 많이 지출해야 한다.

지금 안산시가 청년기인 이때 우리 조상들 삶의 흔적을 찾아 발굴하여 보존 전시하고 현재의 것도 없어지기 전 곳곳에 흩어져 있는 것을 수집하고 25년 전 안산시가 개발되기 전의 모습과 개발되어 가는 모습, 그리고 시민들의 삶 속에 남아 있는 것들을 모아서 기록하고 전시하여 이제부터라도 우리 고장의 문화를 시민들과 나눈다면 요즘 안산을 사랑하는 모임이나 제2의 고향 하는 외침보다는 보고 느끼게 하고 알게 하여 정주의식을 갖게 하고 시민들에게 자긍심을 심어주면 시민들이 뿌리를 내리고 살아가게 하는데 도움이 된다고 생각한다.

특히 우리 고장은 다문화 가정이 많이 정착을 하고 있어 무엇보다도 친선적인 면에서 볼 때 국가 차원에서도 필요하다고 생각한다.

다문화 가정의 2세들도 박물관을 통하여 아빠, 엄마의 나라의 다양한 문화도 쉽게 접하여 알게 하여 가족 구성원으로서의 자긍심도 갖게 할 수 있다.

또 지구상의 다른 나라들의 문화도 박물관을 통해 더 쉽게 이해할 수 있다고 보며 이곳에서 많은 것을 얻을 수 있다고 본다. 박물관의 시설물이 세워진다면 어떤 조건으로 고장에 세워질 수 있는지는 깊게 생각해 보지는 않았지만 박물관은 개인 또는 국공립으로 세울 수 있다고 알고 있다.

우리 고장의 문화예술의 전당 같은 곳에서 접할 수 있는 연주, 공연, 전시 등은 볼 수 있다. 하지만 그 금액이 쉽게 접할 수 있는 비용은 아니다.

그리고 다양하다고는 볼 수 없다.

우리 도시엔 유치원부터 대학에 이르기까지 국공립 학교가 200교에 이르고 학생 수는 12만 명을 넘는다고 한다. 이 학생들이 방과 후나 5일제 수업으로 나머지 2일간 갈 곳이 어디 있겠는가. 저렴한 비용으로 많은 문화를 보고 듣고 느끼게 할 수 있는 곳을 만들어야 한다.

이제 안산시에서는 문화재단을 설립한다고 한다. 문화재단이 무엇을 하기 위해 설립되며 그것을 위해 어떤 사람들이 어떻게 운영할 것이라는 분명한 명제가 있어야 한다. 문화재단을 만든다면 꼭 필요한 것을 해야 하고 불필요로 하는 것을 만들어 시민들의 혈세를 낭비해서는 안 된다고 본다.

정말 무엇을 왜 꼭 만들어 시민들 삶의 질을 높이고 윤택하게 할 수 있는지를 잊지 말고 시작해야 할 것이다.

한해를 보내며

예년과 다르게 12월 초부터 첫눈이 내려 겨울 준비를 못한 많은 사람들에게 걱정을 주면서 2012년 마지막 달이 시작되었다.

김장은 중부 이북지방은 12월 중순부터 대략 하는데 밭에 뽑지 않은 배추를 거적으로 덮을 사이도 없이 눈은 내리고 추위도 강추위로 어느 해보다도 배추 값이 폭등하여 가정 주부들에게 넉넉한 김장으로 이웃과 나눔이 적었던 달이었다.

예상치 못한 마지막 달의 시작이 몹시 모두들 바빴다. 이제 며칠만 지나면 새로운 한해를 맞는다.

살아가면서 예기치 못했던 일로 어려운 일을 당하기도 하고 기쁜 일을 당하기도 한다.

지난 열한 달을 돌이켜보면 좋았던 일이 더 많다.

하지만 나쁘고 아직 털어내지 못한 어려웠던 것만 가슴 한켠에 묻고 있다. 쉽게 생각해서 봄이면 시내 어느 곳을 가도 벚꽃이 하얗게 피고 아름다웠는데도 그 벚꽃 잎이 떨어져 지저분했던 생각만 한다.

사람마다 새해엔 무엇인가 하나는 꼭 이루어야겠다고 생각하고 그대로 실천하는 사람이 있는가 하면 그냥 늘상 하던 대로 특별한 일 없이 보내는 일년이 감사할 수도 있다.

큰 것을 얻고 찾고 하기 보다는 늘 꾸준한 가운데 일상의 작은 행복을 느끼면서 열한 달하고 열두 번째 달을 살고 살아가는 소시민들이 더 많으리라 생각한다.

새해에 시작했던 것을 다소 잃어버린다고 큰 일이 닥치는 것은 아니다.

잃어버리는 것이 있으면 그 대신에 얻어지는 다른 것이 있기 때문이다. 그것을 모르고 있을 뿐이다. 걷는 속도로 우리가 살아간다면 발길에 차일 뻔한 풀꽃들을 밟지 않고 피할 수도 있고 나름대로 걷는 속도로 살다보면 평소 보지 못했던 갖가지를 발견할 수 있다.

그 발견하는 기쁨을 걷는 속도로 열두 달을 한 발 물러서서 보면 세상은 참 아름답고 귀하고 감사하다는 생각이 들 것이다. 주변을 살펴보면 힘들고 어려운 일보다는 기쁘고 감사한 일들이 지천이다.

힘들고 어려운 일을 마음으로 읽을 수 있고 어려운 일에 조금의 보탬을 줄 수 있으니 돌이켜보면 이 모두가 감사한 일이다.

열두 달 내내 어찌 나만 행복하고 기쁘고 할 수 있겠는가. 집집마다 처해진 상황에서 그것을 감당할 수 있는 힘이 있고 작게라도 나눌 수 있음이 행복이지 않겠는가.

웨인 다이어의 '노자읽기'에 이런 구절이 있다.

'행복해지는 방법은 없다. 행복은 그 여정에 있는 것이다' '외적인 사건이 기쁨을 가져다줄 것이라는 믿음을 버리고 삶에서 마주치는 모든 사소한 일들 속에서 행복을 찾아라' 라고 했다. 며칠 있으면 새해가 시작된다.

또 무엇인가 행복을 위해서 열심히 다시 시작해야 한다는 중압감으로 시작하기보다는 늘 하던 대로 꾸준하게 평범 속에서 대범을 이루는 지혜가 있으면 한다.

한 해를 마무리하면서 각자의 기준치에 도달을 못했어도 자신에게 큰 상을 주고 칭찬하며 따뜻하게 자신을 위로하면 좋겠다는 생각이 든다.

화려한 분위기 속에 빨간 카펫 위를 걸어 들어가서 멋진 상을 누구에게서 받고 인정받는 것도 좋지만 스스로가 스스로를 위하여 상을 베풀고 위로하여 준다면 머리는 가슴에게 상을, 가슴은 머리에게 멋진 상을 만들어 주고 인정하여 준다면 우리는 정말 행복하지 않겠는가.

우리가 선하고 어짊을 가지고 있음을 자신이 자랑스럽게 생각하고 남을 비난하지 않고 그저 조금 물러서서 지켜보는 사람이었다고 생각하고 자랑스러워하고 행복해 하는 한 해의 마무리가 되고 우리 스스로가 자존감을 갖고 일상의 작은 일에도 행복해 할 줄 알고 또 새해를 맞고 행복한 새해를 멋지게 경영하여 큰 행복을 걷는 마음으로 늘상 함께 하길 기원 하여 본다.

3월의 바람

설 명절을 보내고 요 며칠 추워져서 넣어 두었던 겨울옷을 다시 꺼내 입고 춥다는 이야기와 총선에 관한 이야기를 나누는 동안 2월은 떠날 차비를 다 마친 것 같다.

따뜻한 양지쪽 갈색 숲을 가만히 들여다보면 새싹들은 이미 봄 맞을 채비를 하고 얼굴을 조금씩 다 하늘 향해 내밀고 있다.

뿐만 아니다. 자동차가 잠시 정차했을 때 가로수를 쳐다보면 나뭇가지에 꽃망울들이 도톰하게 커져 있음을 볼 수 있다.

이번 주와 다음 주 간에 우수경칩이 들어 있기 때문이다. 이제 봄바람이 불기 시작하면 중국발 미세먼지와 겨우내 쌓여 있던 묵은 먼지들이 함께 날아다닐 것이다.

작년엔 메르스라는 것으로 인해서 마스크들을 많이들 사용했다.

봄철엔 어른들과 아이들은 마스크를 많이들 사용하면 미세먼지로부터 예방이 된다고 한다.

마스크를 사용했던 것을 계속 사용하면 안 된다고 한다. 1회용 마스크를 사용하면 편리할 것 같다.

매번 봄이 되면 바람에 이리저리 날아다니는 쓰레기를 많이 볼 수 있다. 청소를 하시는 분들은 열심히 청소를 한다. 하지만 화물차에서 떨어지는 것은 운전자는 모르겠지만 좋은 차에서 휴지와 담배꽁초를 버리는 것은 도무지 이해가 안 된다. 좋은 차를 타고 다니면 그 값을 해야지 손만 내밀어 휴지를 버린다.

우리 고장에 다니는 자동차를 조금 관심 있게 보면 크고 좋은 차가 참 많이 다닌다.

이제 새 봄을 맞이하면서 차창 밖으로 무엇인가를 버리는 그런 행위는 안 해야 한다. 도시가 깨끗하면 환절기의 여러 유행의 질병들도 왔다가 빨리 사라진다.

우수경칩에는 얼었던 물이 녹아 흐르고 개구리가 땅속으로부터 깨어 나온다고 한다. 따뜻한 햇살 한 조각에 파란 싹들은 얼굴을 내밀고 우리를 찾아온다. 우리는 그들을 맞을 준비를 해야 한다.

멀리서 산을 바라보고 공원에 나무들을 바라보면 가지 끝에 물오름이 보인다. 차가운 듯 불어 옷깃에 스며드는 봄바람은 이곳 저곳을 스며들어 겨울잠을 깨우고 있다.

3월의 바람

3월의 바람은 / 봄처녀 나들이 가는 / 치마폭 소리
얼어붙은 밭고랑 사이 / 지각을 뚫고 일어서는
보리 싹의 하품 소리
3월 바람은 / 은빛 아지랑이와 함께 온다
마른 나무 끝에 새들의 노래 걸리고
황소 기침 소리 / 외양간에 머무는 새벽
3월 바람은 겨울이 가는 / 발자욱 소리다

—김영순 시집에서

송편

추석 또는 중추절 한가위로 불리는 우리 명절이 우리 앞에 다가와 있다. 명절 밑이라 그런지 차도에 차들도 어느 때보다도 더 많아 보이는 차들이 줄지어 정차도 하고 달리기도 한다. 사람들이 차를 기다리는 버스 정유소를 보면 크고 작은 선물들을 가지고 서 있거나 앉아 있다. 그 선물들을 누구엔가 선물하려고 아니면 선물을 받았거나 해서인지 기분 좋은 표정들이다. 선물하려고 하기 때문에 밝은 표정들로 보이는 것 같다.

한가위가 되면 제일 먼저 생각나는 음식이 있다. 바로 송편이다. 쌀로 만든 떡 가운데 달콤한 소가 들어 있고 솔잎 향이 솔솔 나는 송편이다. 여러 종류의 소를 만들어 넣으며 색깔도 여러 가지로 물들여 빚는다.

한가위 명절엔 햅쌀을 빻아서 만든 가루에 익반죽을 하여 송편을 만든다. 익반죽이란 쌀가루에 뜨거운 물을 넣어서 반죽을 하는 것을 말한다. 송편의 소는 참깨를 볶아서 그 안에 꿀을 섞어서 넣거나 콩을 볶아 빻아서 넣고, 햇콩을 삶아서 넣기도 하며 동부라는 팥을 기피내서 넣기도 한다. 그리고 밤이나 고구마를 소로 넣는 지방도 있다.

송편을 솔잎을 깔고 쪄야 하기 때문에 솔잎은 미리 준비를 한다. 송편을 만들기 전에 소나무의 솔잎을 따는데 조선 소나무의 솔잎을 따서 깨끗하게 손질해서 물에 씻어 물기를 빼고 사용한다. 만들어진 송편은 큰 솥에 찜기를 얹고 베보자기를 깔고 그 위에 솔잎을 촘촘히 펴서 놓고 빚은 송편을 얹어 놓아 쪄내면 된다. 쪄낸 송편은 찬물에 씻어서 참기름을 발라 대나무로 만든 채반에 놓아 식으면 먹는다.

송편을 만드는 모양도 다양하다. 서울은 작게 반달 모양으로 떡을 빚으며 경기도 북쪽과 강원도 지방의 송편은 큼직하다.

왼쪽 손가락 엄지만 제외한 네 손가락 도장이 찍힐 만큼의 쌀반죽을 손에 얹고 소도 듬뿍 넣어 꼭꼭 쥐어 크게 빚는다. 남쪽으로 내려가면 송편 모양은 더 작아지고 동그란 모양에 떡 중앙을 손가락으로 꾹 눌러 움푹 들어가게 빚는 곳도 있다. 송편의 모양은 각기 달라도 재료는 어디엘 가도 다 같다.

한가위 날씨가 한낮에는 덥다. 지금처럼 냉장고가 많이 있지 않던 시절엔 보관하기가 쉽지 않았다. 해서 소도 참깨를 많이 사용했고 솔잎을 이용해서 상하지 않게 하려는 조상님들의 지혜가 들어 있는 송편이다. 그대로 이어받아 우리가 지금까지 먹고 있다. 같은 재료를 이용해서 송편을 빚지만 집집마다 그 맛이 각기 다르다. 차례를 지내고 나면 송편과 전을 조금씩 싸서 차례 지내러온 친지들에게 들려 보내기도 한다. 그리고 송편과 전 등을 이웃들과 나눠 먹기도 한다.

올 한가위는 쉬는 날이 다른 해보다 많다. 오랜만에 온 가족이 모여서 그동안 나누지 못했던 이야기를 송편 빚으면서 하면 좋을 것 같다. 떡 반죽 만들기가 번거로우면 방앗간이나 마트에 가면 반죽과 솔잎을 판매한다. 송편을 만들어 놓은 것을 취향대로 사서 먹으면 편해서 좋을 수도 있다. 하지만 우리 집만의 소를 준비해서 반죽과 솔잎을 사다 송편을 빚어 잘 쪄서 가족들과 먹고 나누는 기분은 또 다른 이야기로 추억이 될 것이다.

아까시아꽃과 아카시아꽃

시내에서 조금만 벗어나 한가로운 농촌길로 접어들면 온통 향기로운 꽃냄새가 진동한다. 여린 녹색으로 빛나던 모든 것들이 이제는 깊어진 진초록으로 변해 가고 있다.

그 속에 향기로움을 쫓아가보면 결국 우리가 알고 있는 아까시아꽃 향기다. 아카시아꽃이 아니라 왜 아까시아라고 할까. 하지만 실제로 우리나라에 자생되고 있는 이 나무와 꽃은 아까시아나무와 꽃이라고 불러야 한다고 한다.

우리가 잘못 알고 부르고 있는 아카시아는 오스트레리아와 아프리카에 500여 종이 분포하여 자생한다고 한다. 열대지방에서 자라는 상록수로 분류되고 수종도 다르다고 한다.

우리나라에 많이 자생되고 있는 아까시아 나무는 원산지가 북아메리카 대륙으로 전 세계에 고루 분포되어 있고 온대에서 자라는 콩아과에 속하는 낙엽교목이라고 한다. 우리나라로 들어온 시기는 1910년경이라고 한다. 격변기에 들여오다보니 나무의 이름도 분명하게 못한 것 같다. 이제라도 바르게 알고 사용하면 된다.

아까시아꽃 하면 우리들 고향의 정서를 듬뿍 담고 있다. 그리고 우리가 어려웠을 때 민둥산을 푸른 산으로 만들어준 고마운 나무가 아까시아 나무다. 어디 그것뿐인가. 달콤하고 향이 좋은 꿀도 우리에게 많이 제공한다. 뿐만 아니다. 아까시아꽃 하면 사람들마다 많은 추억이 있을 것이다.

그중 줄기 잎을 하나 따서 가위 바위 보로 잎을 떼어 버리고 잎이 가장 오래 남아 있는 사람이 게임에서 이겨 꿀밤을 놓을 수 있는 좋은 놀이감이기도 했다.

학교에서 집으로 돌아오면서 배가 출출할 때는 가장 꿀이 많이 든 아까시아꽃을 따서 주욱 훑터서 입안 가득이 넣고 씹으면 꽃 속에서 나오는 꿀은 달고 맛났었다.

먹거리가 귀하던 때에는 무공해 아까시아꽃이 좋은 간식거리가 되기도 했다. 솜씨 있는 집에서는 아까시꽃을 따서 튀김가루를 입혀 튀겨내면 근사한 요리가 되기도 했다. 그리고 땔 깜이 귀할 땐 땔감으로서 단단한 몫도 했었다.

이렇게 우리의 정서 속에서 아까시아 나무와 꽃은 우리에게 친근한 감성을 간직하게 하는 나무로 자리하였다. 우리 동요에도 아까시꽃 이야기가 나온다.

과수원길

박 화 목

동구 밖 과수원길 아까시아 꽃이 활짝 폈네
하얀 꽃 이파리 눈송이처럼 날리네
향긋한 꽃냄새가 실바람 타고 솔솔
둘이서 말이 없네 얼굴 마주보며 생긋
아까시아꽃 하얗게 핀
먼 옛날의 과수원길

이렇듯이 우리에게는 너무나 친근하기만한 나무가 어느 날 갑자기 몹쓸 나무로 인식되는 때가 있었다. 아까시아 나무가 번식력이 워낙 좋아 뿌리가 조상들의 산소 속을 뚫고 들어가는 일이 비일비재하게 발생되어 괘씸죄에 밀려 아까시아 나무가 자생되는 곳으로부터 밀려나 버림을 받았었다. 하지만 요즘 다시 회자되고 있는 아까시아 나무가 쓸모 있는 나무가 되어 우리와 오래오래 함께하여 '해마다 5월이 되면 향긋한 꽃 냄새가 실바람 타고 솔솔, 우리 코끝에 맴돌아 정신을 맑게 해주면 좋겠다.

우리나라의 산을 푸르게 했고 맛난 꿀을 제공하는 이 나무는 아카시아나무와 꽃이 아니다. 아까시아나무 꽃이다.

콩아과에 속하는 낙엽교목이라고 한다. 미국 남동부가 원산지이며 북아메리카, 유럽, 아시아의 온화한 지역에 분포되어 있다고 한다.

민속과 민속예술

민속이란 한 민족이 전통적으로 보유 유전해 온 독특한 풍속을 의미한다. 그런데 그 풍속의 기원은 모두가 그 민족이 지녀온 관습과 밀접한 관계를 맺고 있다.

민속은 자연적 관습적 유전으로서 대중의 사회생활과 개인생활에까지 영향을 미치는 인격 참여의 한 가지 수단이라고 해도 과언은 아니다.

또한 이 민속은 한 민족의 사상이나 생활 태도를 유형화하는 힘도 가지고 있다. 민속이 대중에게 어필하는 경우는 다음 두 가지로 본다.

첫째, 민속이 환경에 적응하고 생활 목적에 합치하는 조건으로 창조되는 경우와 둘째, 모방과 유행, 암시 등에 의하여 배합적으로 나타나는 경우가 있다.

우리나라에 있어서의 민속은 위의 두 가지 요건이 다 충족되어 있다. 또 하나 중요한 것은 민속이 대중 속에 뿌리를 내리고 존속하여 나가기 위해서는 적어도 집단이 갖는 생활 조건과 모순이 되어서는 안 되며 그 속으로 파고들어가 혼합적 조건이 아닌 동화의 양상으로 변화를 가져와야 한다. 이것이 바로 문화의 대중적 적응이며 지지와 사용의 관계를 자연 발생적으로 유도해야 할 커다란 이유이다.

민속예술의 특징은 향토색이다. 예를 들면 정선아리랑, 밀양아리랑 등이 있다. 이렇듯이 우리 고장의 별망성예술제가 바로 향토색 짙은 민속예술제로 승화하고자 하는 것이다. 우리 고장에서 먼저 살다간 조상님들의 업적을 기리는 일들이 진행과 기념되고 있다. 단원 김홍도 선생을 기리기 위한 전국단원미술대전이 있다.

또한 실학사상가인 성호 이익 선생의 기념관과 성호문학상이 있다. 별망성예술제는 그야말로 호국의 예술제인 것이다. 안산시의 탄생과 함께 시작된 별망성예술제는 올해로 25년으로 접어들었다. 별망성은 경기도 안산시 초지동(염색단지 입구) 고잔역에서 서남방 4킬로미터 지점에 위치하고 있는 해안산성으로서 현재 경기도 지방유형문화재 86호로 지정되어 있다. 이 해안성은 남양만을 통하여 해안으로 침입하는 왜구와 몽고군을 막기 위해 축조되었다.

'동국여지승람'의 기록을 보면 초지진을 강화도로 옮겨 이곳을

1초지진, 강화도를 2초진이라는 기록이 있다. 오랜 기간 이곳은 당나라와의 문물을 교역해 온 요충지로서 사신의 왕래가 빈번하여 우리의 영접사가 상주함으로서 주민들의 문화의식이 타 지방에 비하여 앞섰던 곳이기도 하다.

우리 고장의 인구가 75만에 달한 시점에서 시민의 삶의 휴식처요 일터인 이 고장에 대해서 자긍심을 가지고 뿌리를 깊게 내릴 수 있도록 이런 자랑스런 문화유산이 있음을 알려주어야 한다. 그러기 위해서는 안산 예술인들의 예술제로만 끝내지 말고 모든 시민과 함께 하는 예술제를 벌여야 한다.

그러자면 예술인들의 힘으론 역부족이다. 그래서 관계되는 부처에서는 조금만 더 여러 측면에서 관심과 적극적인 뒷받침으로 다른 도시엔 없는 문화유산으로 함께 발전시켜야 한다. 기업인들의 응원도 있어야 한다. 예술인들은 예술을 알지 행정과 여타한 일들엔 어수룩하다. 이웃 시에서도 부러워하는 예술을 할 수 있는 문화예술의 전당이 있다.

이곳에서도 지역 예술제와 예술인들이 날개를 펼 수 있도록 배려와 관심을 아껴서는 안 된다. 시에서 관리할 땐 이런저런 조건에 부합되지 못하여 지역 예술제와 예술인들은 열외가 되있다. 이젠 문화예술의 전당에서도 남다른 애정으로 큰 관심을 가져야 한다.

남의 것을 우대하는 우리의 좋은 관습은 버려서는 안 된다. 다문화 시대에 살고 있는 우리는 지구촌의 여러 문화도 접하고 인

정해야 한다. 하지만 그것은 우리 것을 확실히 알고 지구촌의 수많은 문화도 받아들여 함께 해야 한다.

지역 예술인에게도 그곳에서 개인이던 단체이던 발표하고 인정받아 더 큰 무대에 설 수 있는 기회를 늘 열어 놓아야 한다. 우리 고장의 민속을 부양하는 방법으로 두말 할 나위도 없이 별망성예술제이다.

호국의 정신을 예술로 승화하여 전승 계승 발전시켜 우리의 후손에게 물려주는 것이다. 21세기 디지털 문화 시대에 살고 가는 우리의 흔적을 민속예술에 저장하여 둔다면 훗날 우리의 후손들에게 큰 유산이 될 것이다.

그 옛날에도 문화가 꽃 피던 시절엔 태평성대가 이어졌었다.

11월

올 가을의 일기 변화는 그 달에 맞게 변하고 있다.

구월은 구월이 오는 소리 같이 곡식이 영글 수 있도록 따갑게 햇살이 내리쬐이고 아침저녁으로 선선한 바람이 불어 가을이 오고 있구나 하고 생각이 들게 하였다. 매스콤에서도 온통 가을이 오는 소리를 들려주듯이 가을 노래가 선곡되어 방송되고는 한다. 한가위가 있어서 조금은 이른 감이 있는 한가위 명절을 보내고 있을 즈음 과일들이 대풍작이 되어 시장 어디엘 가도 풍성한 과일을 볼 수 있다.

복숭아가 아직 과일전 자판 위에 남아 있는데 사과와 배들과 포도들이 나와서 풍성하게 장식했으며 따라서 감도 출하되어 그야말로 과일전의 그 풍성함이란 이루 말할 수 없이 찰지고 기름진 햇과일들 잔치의 모습으로 우리를 반기고 있다.

과일과 함께 밤도 대풍이라고 한다. 밤톨들도 얼마나 튼실하고 기름이 잘잘 흐르는지 보기만 해도 부자가 된 기분이 든다. 시월이 되자 시월 같은 일기가 계속되었다. 가뭄이 심한 지역도 있어 걱정도 되지만 짧은 가을 일기를 즐기려는 욕심에 마냥 좋기만 했다. 추수가 얼추 끝나가는 무렵에 산과 들의 풀잎과 나뭇잎에 내려앉은 가을은 모든 잎이 꽃이 되는 두 번째의 봄같이 아름답기 그지없다. 아름답고 풍요로운 그리고 구름 한 점 없는 파란 하늘 아래 나름대로 이름 붙여진 축제, 체육대회, 바자회, 전시회 등 밖에서 할 수 있는 행사는 모두 출동 진행되어 지난 봄 메르스로 뜸했던 삶의 열기가 이곳저곳에서 다시 일기 시작하는 것 같았다.

우리 동네는 바다 쪽에 가까이 있어 가끔은 미세먼지가 가을에도 오는데 올가을엔 오지 않는가 싶더니 한 사흘 예보가 되었는데 그것도 우리의 가을 날씨에 밀려 요즘 매일 매일 쾌청하다. 말대로 쾌청한 날씨 덕분에 알맞은 기온에서의 삶은 더 풍요롭다. 시월을 시작했나 싶을 정도로 시간은 화살촉보다 더 빠르게 가고 이제 달력을 한 장 남긴 11월에 접어들었다.

11월에 접어들자 기온이 뚝 떨어진다는 일기예보대로 추웠다. 11월은 추위 꼬리가 살짝 보이기 시작하는 때이다. 그래서 모두들 마음과 몸이 바빠지는 시기다. 김장을 담가야 할 때가 되어가는 것이다.

올해 비가 많이 안 와서 가을 작물들이 자라는데 애로가 있었지만 고추와 배추, 무 등이 평년작보다 조금 좋다고 한다. 그것 또한 감사한 일이다. 어느 해인가 고추 값이 비싸서 김장을 담글까 말까 하는 때도 있었는데 그때에 비하면 정말 감사한 올가을이다. 김장에 쓰일 배추 무 고추가 가격이 착한 가격이어서 농사를 지은 분들에게도 보답이 되고 소비자들도 적당한 가격에 구입할 수 있어 모든 것이 감사할 일 밖에 없는 것 같다. 이제 슬슬 월동 준비를 해야 한다.

연료 값이 많이 들어가지 않게 절약형 월동장비를 잘 선택해서 따뜻하고 행복한 겨울을 서너 달 지내야 한다. 그리고 나면 드디어 푸른 싹을 볼 수 있는 봄을 맞게 될 것이다. 다음 주가 입동이라고 한다.

올해 달에 맞는 일기가 지금까지 진행된 것으로 미루어 볼 때 추위가 창틀에 숨어 앉아서 기회를 엿보고 있다. 한해가 시작되어 이제 달력이 한 장 남은 계절까지 열 달을 우리 모두 나름 행복하게 계절과 동행했다.

물론 힘들고 고단한 일도 있었지만 이제 그것도 놓아 버리고 따뜻함을 준비하는 11월과 동행하여 행복한 겨울을 맞이하자.

송년 모임

잠깐 동안 가을의 풍성하고 풍족함에… 그리고 겨울이 왔다. 이제 겨우살이를 챙겨야지 하고 있을 때 그 사이 연말연시는 살그머니 한쪽에 다가와서 앉아 있었다.

매스콤에서는 올해에는 눈이 얼마만큼 올 것이고 또 추위가 얼마나 추울 것인가를 예보하고 있다. 더불어 겨울 용품들이 여기저기에 수북이 쌓여 팔리고도 있다. 하지만 그 예상과는 달리 겨울비가 부쩍 오고 있고 기온도 예보했던 것만큼 춥지 않다.

12월엔 예식이 그다지 많이 있지는 않았는데 올 12월은 예식이 주말마다 몇 개씩 있다. 춥지 않은 12월을 만나 예식을 하는 것도 그들의 첫 번째 복이 될 것 같다.

난방시설이 워낙 잘되어 있어 기온이 영하로 내려가고 눈이 와도 예식을 하는 데에는 별지장이 없다. 다만 신부가 얇은 드레스를 입어야 되므로 약간의 추위를 느낄 수 있겠고 하객들이 먼 길에서 오느라 또는 교통편이 약간 불편할 뿐이다.

지난 해에는 세월호 사고로 모두가 기도하는 마음으로 일년의 마무리를 가족과 더불어 조용하게 지냈다. 올해도 봄에 메르스라는 전혀 예기치 못한 일로 온 국민이 조심하고 또 조심하여 멀리 전염이 되지는 않고 몇 군데에서 그 여파를 치르고 끝났다. 확실하게 종료된 것은 아니라고 한다. 이렇듯이 여러 일로 모두들 함께 힘든 날들을 잘 슬기롭게 극복해 나가고 있는 중에 또 한해의 마지달 12월을 맞아 간소화해진 송년회를 많이 볼 수 있다.

송년모임이 이러한 일들로 인해 성숙된 모임회로 발전되어 가는 것이 또 하나의 시민의식을 높여가는 일이라고 볼 수 있다. 물론 다 건전한 송년회라고는 다 볼 수는 없다. 다만 송년모임이 1차로 시작해서 3차까지 가야 끝나는 문화는 이제 많이 볼 수 없다는 것이다. 어떤 모임이던 술 인심은 정말 좋다. 그것이 현금이면 싫다는데도 그렇게 자꾸 권할까, 그리고 현금이면 싫다고 사양할까 아닐 것 같다.

한해를 시작해서 봄, 여름, 가을을 잘 보내고 겨울과 함께 찾아온 마지막 달에 지난 시간을 반추하며 서로 덕담하고 못했던 것을 서로 소통하며 위로가 되어 주고 힘을 내게 할 수 있는 송년모임이 되어 가는 것 같다. 꼭 송년모임이라고 해서 결산하고 밥 먹고 술잔 돌려가며 음식을 먹어야 하는 것만은 아니다. 송년모임을 조금만 생각을 바꾸면 그 금액으로 할 수 있는 일들이 많다. 영화관을 빌려서 좋은 영화를 함께 감상한다든지 비싸지 않은 공연을 같이 관람한다든지 또는 시설에 가서 봉사하고 물질로도 돕는다든지 하면 된다. 생각의 전환으로 색다른 송년모임을 뜻있게 보낼 수 있다. 간소한 식사 자리에 각자 정해진 금액만큼 선물을 준비해서 서로 나누는 것도 기쁜 일이 될 것 같다.

송년모임의 주변을 보면 지나온 열두 달을 주변들과 그리고 모두 함께 평화롭고 행복하게 했고 했는가를 생각하며 새로운 계획을 세우고 좀 더 발전적인 주변과 함께 하려는 송년모임이 되고 있는 것 같다.

SNS의 덕분으로 좋은 글을 많이들 나누고 있다. 정말로 그런 일들이 주변과 가정 일터에서 일어나기를 진심으로 바라며 뜻깊은 12월이 마무리되길 또한 소망하여 본다.

해피트리와 녹보수

어느 해인가 선물로 화분을 받았다. 화분이 많기에 주변사람들에게 나누어 주었다. 꽃이 많이 피고 잎이 기름진 화분들은 잘들 챙겨 갔다. 화분들이 갈 곳을 다 찾아간 뒤 예쁘지 않은 화분에 잎이 얼마 안 달린 나무가 심어진 화분과 관엽식물들이 심어진 화분들만 남았다. 선물을 받은 것이라 정성껏 관리를 하였다.

관리를 잘하여 잎이 많이 늘어나고 꽃이 피었다. 그러나 화분의 나무나 관엽식물들은 정성에 비해 두 해도 못가서 아무런 이유 없이 죽어간다.

날짜 지난 홍삼액도 물에 희석하여 물대신 주었다. 나름대로 영양보충도 잘해 주었는데 하나둘 빈 화분만 남게 되었다. 그중에 난은 무척 신경 쓰고 관리를 잘하였건만 선물 받은 다음해까지는 꽃 한 번 피우더니 결국 난잎이 하나둘 누렇게 변하더니 난 화분에 잎이 남아 있는 것이 없다.

그런데 예쁘지 않은 화분에 심어진 잎이 많지 않았던 나무에서 몇 년째 꽃을 피우고 있다. 꽃을 피우는 나무는 해피트리 나무이다. 일명 행복나무라고 한다.

꽃은 엷은 미색으로 나무의 마디마다 두세 송이 통꽃이 핀다. 모양은 나팔꽃처럼 생겼지만 크기는 세 배 정도 작은 꽃이다. 꽃향기도 있다. 그 향이 진하지는 않지만 잘 맡아야 향을 맡을 정도로 미세하다. 나무에 잎은 많지 않은데 나무 목대(몸통)를 비롯해서 가지의 마디마디에서 피는 꽃을 보면 정말 해피트리 꽃인 것이 맞다. 그 모습이 신기하고 귀해서 그저 꽃만 봐도 행복하다.

해피트리의 꽃은 여름에 꽃을 피우기 시작한다. 한여름에 피어서 가을이 오면 피지 않는다. 보는 사람들도 귀한 꽃이라고 하고 보기 드문 꽃이라 하여 꽃의 색이 몇 가지인가 궁금하여 인터넷에 검색하여 보았다.

헌데 해피트리 나무와 비슷한 나무가 있다고 한다. 녹보수라고 한다. 나무와 잎이 해피트리 나무와 흡사하다고 한다. 전문가들만 구별하기 쉽다고 한다. 행복나무의 잎은 끝이 매끈한데 비해 녹보수 나무 잎은 톱니가시처럼 끝선이 뾰족하다고 한다. 인터넷에 검색 결과 해피트리의 꽃을 보고 있는 것이 아니라 녹보수 나무의 꽃을 보고 있었던 것이다. 물론 행복나무 꽃이라고 여기고 꽃을 보며 행복해 했다. 하지만 녹보수도 행운과 부자가 된다는 꽃말을 가지고 있다. 해피트리 꽃이건 녹보수 꽃이건 귀하고 귀한 꽃이라 다 좋다.

선물하려는 화분에 심어진 식물에 대해서 조금은 관심을 가지고 선물을 하면 좋을 것 같다. 꽃집에 부탁만 해서는 안 될 것 같다. 선물로 받은 귀한 화분들을 잘 관리하려고 분갈이를 하면 화분에 심어진 식물들이 뿌리를 내리기가 어려운 환경으로 되어 있다. 화분에 흙보다는 스트로폼이 많이 들어 있다. 적당하게 스트로폼이 들어 있으면 분갈이를 하거나 하지 않아도 뿌리를 잘 내리고 식물들이 자라고 꽃을 피운다.

화분 가격도 작은 금액은 아니다. 언제부터인지 축하의 선물로 화분들이 많이 이용되고 있다. 꽃나무나 관엽식물이 심어진 화분들을 선물로 주거나 받은 사람들이 잘 관리하여 뿌리내리고 잘 자라서 몇 해쯤은 꽃과 잎을 피우게 하면 좋겠다.

올해는 해피트리가 아닌 녹보수 꽃이 4월부터 꽃잎을 열어 행운과 행복을 주고 있다. 더 잘 관리해서 고목이 될 때까지 자라서 더 많은 꽃을 피웠으면 한다.

튜울립꽃

화사한 벚꽃이 꽃잎을 눈같이 봄바람에 실어 이리저리 날릴 때쯤이면 온갖 나무와 풀들이 연둣빛 잎을 아기손처럼 모두 내어 그 푸른빛의 찬란함을 뽐내기 시작한다.

파스텔톤의 봄꽃과 새싹들도 함께 힘껏 그 향과 색을 겨루기라도 하듯이 봄비에 찰진 윤기를 더해 연둣빛을 자랑하기 시작한다. 나뭇잎이 피는 것을 보면 꽃과 같은 모양으로 핀다. 연보랏빛의 라일락꽃도 그 몫에 참여한다. 라일락꽃은 따뜻함이 더 깊어졌을 때 피었지만 요즘은 4월에 함께 피고 있다. 봄꽃들은 그 색이 화사하여 향이 없을 것 같은데 코를 잠깐 꽃 속에 대어보면 옅은 향이 아주 가만히 작게 콧속으로 스며든다.

어느 해인가 우리 동네에 튜울립꽃을 하천 옆 땅에 심어 군락을 이루고 피어서 우리를 맞아주어 행복하게 한 때가 있었다. 그리고 얼마 뒤부터는 꽃이 심어지지 않았다. 튜울립꽃이 군락으로 피었을 때 일삼아 놀이공원의 꽃을 보러갔었는데 가지 않아도 된다는 이야기가 나올 만큼 꽃을 가꾸어 참으로 예쁘게 피었다는 말을 많이 했다.

중앙대로 옆 공터에 작년부터 튜울립을 심어서 꽃을 피게 하였다. 안산으로 들어오는 첫 길목에 보기 좋게 잘 심어 가꾸어 놓아 겨울을 잘 지내고 올해 따뜻해지기 시작하는 날부터 싹들이 땅 속에서 일제히 꽃잎들이 올라왔다.

하루하루가 다르게 꽃잎들이 자라 올라오더니 보름쯤 지난 어느 날 튜울립꽃 한 대궁에서 빨간 꽃이 피었다. 지나가는 사람들마다 신기해 하며 사진을 찍어 가기도 했다. 그후 일주일이 지나고 비가 한번 오고난 뒤 튜울립꽃들이 약속이나 한 것처럼 꽃대궁에 묵직한 꽃망울들을 색색이 머리에 이고 나왔다. 하루 이틀이 더 지나고 날씨가 따뜻해지고 화사했던 벚꽃이 지고 나서인지 튜울립꽃만의 그 최고의 아름다움을 뽐내고 있다.

자동차들이 속력을 내어 달리기라도 하면 자동차 속력 바람 덕으로 한꺼번에 군무를 추기도 한다. 빨간색 노란색 흰색 자색 여러 색이 혼합된 꽃 등이 피어 오고가는 사람들을 막무가네로 붙잡는다. 휴대폰의 카메라가 그 곱고 고운 색을 모두 담아낸다. 자동차를 타고 가던 사람들도 차를 한쪽으로 세워 놓고 사진을 찍고도 간다.

날씨가 약간 싸늘하고 햇볕이 없는 날은 튜울립꽃들이 세모 모양으로 꽃망울을 접고 조용하게 움직이기도 한다.

아름답고 예쁘고 좋은 것이 있어서 우리 모두가 공유하고 그 것을 보고 느껴 서로에게 행복을 전달할 수 있게 되어야 하는데 가끔 실망하게 하는 일들이 벌어진다.

사람들이 무리지어 꽃을 보고 감탄하며 사진을 찍고 간 뒤엔 꽃잎파리가 떨어져 있다. 자세히 보면 꽃대궁을 꺾어 가느라고 꽃잎이 잘려져 떨어져 있는 것이다. 그것뿐만 아니다. 꽃이 한창 피어 정말 예쁜데 밤이 지나고 아침에 보면 군데군데 흙이 파헤쳐져 있다. 튜울립꽃을 아예 뿌리째 파간 것이다. 튜울립꽃말은 사랑의 고백, 영원한 애정이라고 한다.

다 핀 꽃을 파가야 아무 소용이 없다. 살리지 못하고 그 순간 혼자만 볼 수 있는 것이다. 우리 안산시민의 의식은 아니라고 본다. 아마 다른 동네에서 오셨던 분들이 튜울립꽃을 꺾고 파갔을 것이다. 우리 안산시민은 공공의 꽃에 손을 대지 않을 것이다. 우리 안산시민은 다른 곳에 가서 예쁘고 아름답고 좋다고 혼자만 보려고 가져오지 않을 것이다. 튜울립 꽃말처럼 우리들도 꽃을 보고 사랑을 고백하여 영원한 애정으로 서로를 응원하면 좋겠다.

수필

추억의 담밑에서

여름 한낮이 지나고 서쪽 산으로 해가 많이 기울 때쯤이면 엄마는 커다란 대나무 바구니를 들고 따라오라 하시면서 행길 쪽으로 먼저 가신다. 그 뒤를 쪼르르 따라가면 아랫동네에 있는 우리 밭으로 가신다. 우리 밭은 큰길 옆에 바로 있다. 밭에는 밭작물의 가지 수가 참 많았다. 옥수수부터 시작하여 여름에 먹는 채소와 가을에 추수되는 밭 찹쌀까지 있다.

장마가 시작되어 비라도 한번 뿌리고 지나가면 밭 두럭 사이엔 들어가기가 망설여진다. 물론 미끄러운 것도 있었지만 밭 두럭 사이사이엔 지렁이도 있고 그외 징그러운 벌레들이 많이 눈에 띄어서 몸에 닿을까봐 그리고 벌레에 쏘이면 빨갛게 통통 부어 다 나을 때까지 가려운 것이 싫어서였다.

엄마는 옥수수가 심어진 밭 두럭 사이에 옥수수가 잘 익은 것을 골라서 옥수수 대가 부러지지 않도록 옥수수를 잘 따신다. 옥수수가 대로부터 분리되는 소리는 매우 기분 좋다. 딱! 하고 부러지는 소리는 참으로 경쾌하다. 옥수수를 한 자루 한 자루 따서 바구니에 가득이 담고 계실 때 우리는 우리의 키와 눈높이에 알맞은 옥수수 대를 찾아서 옥수수 대에 달린 아직 어린 옥수수 수염을 열심히 가지고 논다. 수염을 땋고 묶고 한다. 어린 옥수수 수염은 분홍색을 띠고 있다 어린 옥수수가 엄마 등에 업힌 인형이라 생각하고 인형놀이를 한다. 옥수수 수염 인형놀이가 재미있을 때 즈음 엄마는 바로 옆에 아주 작은 흰 보라색 꽃이 오롱조롱 달린 아욱 잎을 아래쪽부터 한 잎 두 잎 따고 꽃이 덜 핀 것은 아욱 대궁을 통째로 꺾기도 하셔 바구니 한쪽에 차곡차곡 담으신다.

이렇게 바구니에 가득 채운 것으로 엄마의 저녁 준비는 다 되신 것이다. 부지런히 집으로 향하여 옥수수는 아버지께 껍질을 벗기라고 하신다. 그리고는 보라색 감자를 큰 함지박에 먹기 좋은 것으로 골라서 수북이 내놓으시고 우리들과 함께 수저로 수돗가에 앉아서 까기 시작한다. 우리들은 감자의 생김새에 괜한 신경을 쓰며 감자의 눈이 쑥 들어갔다는 둥 하면서 감자 까는 일엔 관심이 없다. 그저 엄마 옆에서 엄마 냄새 맡으며 있는 것이 좋아서이다. 쫑알대며 앉아서 일을 거들기커녕 소매 자락만 더럽히며 장난만 치고 앉아 있는 것이다. 어느 틈에 감자 껍질만 수북이 쌓여가고 보랏빛 감자는 하얀 몸으로 깨끗하게 씻기기를 기다리고 있다. 요즘은 흰 감자가 많지만 그때만 해도 보라색 감자가 많았다.

보라색 감자는 지금 흰 감자처럼 매끈하지 못하다. 울퉁불퉁하고 감자 눈이 움푹하게 쑥 들어가서 크다. 그래서 감자 깎기가 쉽지 않았다. 입술이 두꺼운 수저로 감자 껍질을 얇게 벗기는 것은 내공의 기술이 있어야 했다.

여름철엔 부엌에서 밥을 하지 않는다. 부엌서 밥을 하면 불을 지펴야 하기 때문에 더운 여름에 방바닥이 뜨거워지면 더워서 잠을 잘 수 없어서이다. 보통 수돗가 한쪽에 화덕이라는 것이 집집마다 하나쯤은 다 있었다.

따로 화덕은 생산된 제품이 아니고 집집마다 아버지들이 어디서 얻어 오시는지 출처는 모르지만 양철깡통을 얻어와 앞쪽엔 불을 때야 하니까 엎어 놓은 디귿자로 잘라내고 뒤쪽엔 동그랗게 잘래내어 굴뚝의 역할을 만들면 이동에 편리한 훌륭한 수제화덕이 만들어지는 것이다. 이동식 수제화덕 위에 작은 무쇠솥을 잘 걸어 얹어서 사용하면 된다.

엄마와 우리가 깐 감자는 솥 속 아래에 넣고 그 위엔 아버지가 껍질 벗긴 옥수수를 얹고 찌기 시작한다. 아버지는 옥수수 껍질을 참 지혜롭게 벗기셨다. 옥수수 알 쪽에 있는 얇은 막의 껍질은 벗기지 않으셨다. 그것은 옥수수를 먹을 때 편리함도 있지만 옥수수 잎에서 나오는 향기가 보랏빛 감자의 아린 맛을 완화시키는 역할을 하는 것이었다. 엄마는 화덕에 불을 지펴 넣으시고 감자와 옥수수가 익을 만큼의 나무를 잘 쌓아 넣으시고는 안방에 모기장을 치기 시작하신다. 요를 깔고 삼베 이불을 모기장 안에 넣어 놓으시곤 문을 닫아 놓으신다. 그리곤 뒤뜰 처마 밑에 엮어 달아 놓은 마른 쑥대를 조금 내려놓으시고는 우리보고 생쑥을 낫 가지고 벼 오라고 하신다. 지천으로 널려있는 쑥대궁은 낫이 없어도 꺾으면 잘 꺾어진다. 쑥을 안을 만큼 꺾어 오면 마당에 가져다 놓으라 하신다. 쑥대궁을 꺾어들고 들어올 때쯤이면 감자와 옥수수 익는 구수한 냄새가 싸리문 앞까지 진동을 한다.

엄마는 수돗가에서 아욱을 으깨어 푸른 물을 몇 번이고 헹구어 내셨다. 그리곤 장독대 가셔서 고추장을 숟가락으로 조금 떠오신다. 흰쌀을 조금 넣고 끓이시다가 점심때 먹다 남은 식은 밥과 으깬 아욱을 넣고 고추장으로 간을 하여 아욱죽을 쑤시는 것이다. 엄마의 아욱죽은 참 맛있었다. 맛있었다란 표현으로는 좀 부족하다 지금의 아이들이 좋아하는 크림소스가 들어간 스파게티 맛이라고 할까…. 쌀이 귀한 때라 할머니와 아버지께서 잡수시고 남기신 점심밥이 저녁에는 아욱죽으로 탈바꿈하는 것이다. 아욱을 왜 으깨어 초록색 물을 몇 번이고 헹구어 내셨는지 그땐 관심도 없어 몰랐다. 이제 한여름에 아욱국을 끓이려면 엄마가 아욱을 으깬 이유를 안다. 그것은 미끈거리는 성분을 제거하고 약간의 쓴맛을 없애고자 하셨던 것이다.

아욱죽이 완성이 될 때쯤이면 아버지는 그늘진 곳에 있던 평상을 마당 가운데로 옮겨 놓으신다. 평상 위엔 나무로 만든 둥근

상을 펴놓으신다. 우리는 엄마가 큰 쟁반에 담아 주시는 감자와 옥수수를 나르면 된다. 상 위엔 반찬은 어린 고추에 밀가루를 묻혀서 찐 것에 양념한 것과 늙은 오이, 말하자면 노각을 무쳐 놓은 것 그리고 열무김치가 놓인다. 그땐 노각도 귀하고 꽈리고추는 없었던 것 같다. 식구들이 둘러앉아서 아욱죽을 먹고 난 다음 감자와 옥수수를 먹기 시작한다. 감자는 그냥 먹으면 맛이 없다. 그래서 고추장을 약간씩 찍어서 먹으면 보라감자 특유의 쌉쌀한 맛도 제거하고 간이 되어 맛있게 먹을 수 있다. 감자를 먹고 있을 때쯤이면 이웃에서도 한 분 두 분 우리 집 평상으로 건너오신다. 요즘말로 옥수수 파티가 열리는 것이다. 우리 집 옥수수는 정말 맛있었다.

엄마의 옥수수 찌는 비법이 있었는지는 모르겠지만 쫀득쫀득한 식감과 더불어 입안에서만 느낄 수 있는 옥수수 알에서 나오는 그 맛은 고소하고 아주 약하게 달콤한 맛 그리고 옥수수 냄새도 정말 맛있는 냄새였다. 어른들은 모두가 옥수수 한 자루씩 들고 손으로 알갱이를 떼어서 먹거나 하모니카를 불듯 잡수시며 하루의 농사일과 집안에 일어난 일, 내일 해야할 일 등에 대해서 오순도순 이야기꽃을 피운다. 우리들은 평상 한쪽에 걸터앉아 옥수수 알 떼기 시합을 한다. 얼마나 찰진 옥수수이면 한꺼번에 스무 알쯤 엄지손가락을 사용해서 떼내기도 하고 두 줄씩 떼내는 기술을 보여주는 시합에 열중할 때면 준비해 두었던 쑥으로 모기향이 피워지기 시작한다.

쑥이 타면서 내는 냄새는 여름밤의 시골 향기다. 싱싱한 쑥에 불을 지피면 타지 않으려고 이리저리 맴돌며 타면서 내는 연기가 바로 쑥향기다. 쑥향이 집안 곳곳에 퍼지기를 바라시는 엄마는 부채로 이리저리 바람을 일으켜 보내기도 한다. 안방문도 활짝 열어 쑥향이 들어가도록 하신다. 어둠이 짙게 내리기 시작하면 우리들의 반딧불 놀이가 시작된다. 반딧불은 여기저기 참 많이 반짝였다. 어른들은 굳이 불을 켜지 않았다.

우리들이 반디벌레를 잡아서 호박꽃 속에 넣거나 아니면 박꽃 속에 넣어서 꽃 끝을 오므리면 꽃 속에서 반디벌레가 밝히는 빛의 양으로 서로 우쭐거리기도 하고 만들어진 모양에도 서로의 것을 비교하며 재미있게 재잘거리며 놀고 있을 때쯤이면 엄마가 수박 먹으라고 부르신다. 수박 한쪽 먹고 있으면 동네 분들이 한 분 두 분 돌아가신다. 아직 평상엔 감자와 옥수수 수박이 상 위에 남아 있지만 여름밤은 깊어져 있어 우리들은 수돗가에서 펌푸질해서 올라온 차다 못해 얼음물 같은 물로 엄마는 우리를 씻겨 주신다. 추워서 오돌오돌 떨며 안방에 모기장 속으로 우린 들어간다.

자리에 누워 까실까실한 삼베 이불을 덮고 모기장 너머 문밖을 보면 불이 없다. 여전히 아버지와 남아 계신 동네분들은 이야기꽃을 피우고 계신다. 안방 문 넘어 평상 쪽엔 목소리와 어슴하게 모습들만 보인다. 엄마를 눈 안에 넣고 잠들려고 이리저리 보면 하늘에 별들만 총총히 빛나고 달도 산잔등에 누워 있는 것 같게 서쪽에 걸려 있다. 엄마도 그분들과 이야기를 계속하고 계신다. 엄마의 목소리를 들으면서 별을 세기 시작한다. 알고 있는 숫자만큼 별을 세며 꿈속으로 별들과 달음박질하는 우리의 여름날은 몇날 며칠 이렇게 계속된다.

얼마 전 강원도 산 옥수수와 감자를 사다 찌면서 기억의 저편에 있는 유년 시절을 잠깐 꺼내어 보았다.

■김영순 시인의 작품세계■

자연 사랑, 안산 사랑의 전령사

김 송 배

(시인, 전 한국문협 부이사장)

안산의 시인 김영순 여사가 에세이집을 낸다. 그는 자연 서정적 감성과 감응으로 좋은 시를 많이 창작해 왔는데 언제부터인가 수필과 칼럼에도 넘나들며 그의 지성적인 필치로 독자들의 공감을 흡인하는 우리 문단의 중진 시인이다.

김영순 시인의 시 작품에서는 시적 상황의 도입과 전개 그리고 이미지의 투영과 주제는 언제나 우리 인간들과 교감하는 진실을 적나라하게 표현하는 특성을 읽을 수 있지만 이번에 출간하는 에세이집에서는 그가 한 인생을 살아온 삶의 궤적(軌跡)과 거기에서 인식한 희로애락의 중심에서 보편적인 정서를 심화하고 숙성된 인간의 정신 지표들을 담담하게 표출하고 있어서 모든 이들에게 정감을 나누는 교훈적인 메시지라고 할 수 있다.

그에게서는 자연의 섭리를 현실감각에서 조응(照應)하는 필치의 글을 많이 대할 수 있다. 우선 칼럼 소재에서 '하지 감자'나 '갈대와 억새', '낙엽', '목련' 등등 만유(萬有)의 자연에서 그 속살에 묻혀 그 소리에 심취하고 그의 흥겨운 노래를 공유하는 지적인 사색의 글들을 많이 표출하고 있다.

또한 그는 자신이 삶을 영위하는 안산에 대한 사랑이 남다르다. 소재와 주제, 표현 곳곳에서 안산의 현실에서 동화하는 내용들을 많이 접할 수 있는 것은 그가 그만큼 안산 사랑의 기수다운 역할을 가장 중요한 삶의 원천이라는 기본적인 신념을 가졌다는 증거일 것이다.

> 걷기에 좋은 때이다. 더 깊은 가을이 오기 전 갈대습지 공원엘 가보면 갈대꽃의 향연을 볼 수 있다. 가을이 안산에 가득이 내려앉아 있다. 걷기 산책로가 잘 되어 있는 동네의 여러 곳을 운동도 더불어 하고 가족과 친구와 이 가을을 꼭 잡고 사색에 잠겨 보는 것도 괜찮을 것 같은 때이다.
>
> —〈갈대와 억새〉 중에서

> 이제 봄의 전령들이 우리 안산의 각 공원 안에 와 있다. 그 전령들이 해야 할 일들을 기쁘게 할 수 있게 해야 한다. 그리하여 하얀 목련이 열리는 소리를 우리 모두가 듣고 희망이 넘치는 봄을 두 손 들고 환영해 맞아야 한다.
>
> —〈목련이 열리는 소리〉 중에서

김영순 시인이 이처럼 안산 사랑에 심혈을 기우려서 강조하는 것은 아마도 그가 시인의 감성으로 자연 현상과 삶의 여건들이 생성하는 과정을 조망하거나 응시하는 사유의 향방이 자연을 파괴하거나 우리의 전통문화를 등한시하는 일부 몰지각의 형태를 고발하는 각성의 교훈을 함께 전하려는 메시지임을 이해하게 된다.

그는 사회적인 시사성에서도 많은 관심으로 진실을 현현하고 있는데 '백화점의 봄옷도 매출이 되지 않아 상인들이 울상이라고 한다. 더불어 경기가 피부에 와 닿을 정도로 물가 값도 오르고 봄 아닌 초여름을 맞는 우리 서민의 심정은 말이 아니다.'라거나 '우리는 안전 불감증인 시대에 살고 있는지도 모르겠다. 우리 각자가 만성되어 있는 무관심에서 벗어나 관심을 갖고 현재의 위치에서 작게라도 몸소 실천한다면 눈가루를 뭉치면 큰 덩어리가 되듯이 조금의 관심을 환경과 함께 하길 기대해 본다.(이상 〈대부도의 오색등불〉 중에서)'라는 어조와 같이 우리의 경제문제와 환경문제에까지도 상당한 관심의 표명으로 경고를 전하고 있다.

다시 그는 시적인 진실이 가미된 서정성의 정감도 읽을 수 있는데 '보릿고개 때에는 식량이 많이 모자라서 농가에서 농사짓는 일이 참으로 어려웠다.'거나 '해긴 여름날 저녁 거므스럼한 밀가루로 만든 수제비는 맛이 좋다. 수제비에 감자를 많이 깎아 넣고 울타리에서 딴 호박도 어슷어슷 썰어 넣어 끓인 수제비는 어머니의 손맛이 곁들여져 있는 정말 맛있는 여름 저녁밥이 된다.(이상 〈하지 감자〉 중에서)'는 그의 여성적인 정서의 결집도 이해할 수 있다.

김영순 시인의 에세이집 출간을 진심으로 축하한다. 오늘날 인문학의 위기시대에 살아가면서 독서를 게을리하는 사회적인 풍토를 타파하는 일말의 기원이 여기에서 시작하기를 진심으로 희망한다.

부디 시 창작과 함께 이러한 칼럼과 수필들이 안산시민뿐만 아니라, 온 국민들이 공감하는 진실의 명문(明文)이 되기를 기대해 본다.

「살아가며 사색하며」는 인생의 싱아를 찾는 것

좋은 글이란 무엇인가? 어떤 글이 좋은 글인가? 나는 작가는 아니지만, 연구보고서를 쓰거나 나의 이름으로 어줍짢은 칼럼이라는 것을 쓸 때마다 고민을 거듭한다.

김영순 시인님의 글을 읽다 보면 '글은 이렇게 쓰는 거구나! 화려한 문체나 알 수 없는 문장을 어렵게 나열하는 게 아니라, 마치 어머니나 누님같이 일상생활 속에서 나직하게 살아가는 이야기를 하는데 그저 단순하게 이야기를 전달하는 게 아니고 어떤 사물에 대하여 깊이 생각하고 그 이치를 따지고 옳고 그름까지도 알려주는 메신저 같다'는 생각을 하게 된다.

또한 이미 고인이 되신 박완서 선생님이 쓰신 그 많던 「싱아는 누가 다 먹었을까」라는 소설이 오버랩된다. 이 소설은 박완서 선생의 유년시절의 기억과 그분의 자화상이 버무려진 자전적 작품이다.

이 소설을 읽다 보면 40년대부터 50년대 초까지의 사회상, 풍속, 인심 등을 자상하고 진실되게 증언을 하고 있다. 김영순 시인님의 글도 주로 계절의 변화와 이에 따른 풍속에 관한 이야기, 사회적 이슈, 인심, 시적 감흥 등이 그 주요주제다. 어쩌면 이런 글을 다시 엮으면 하나의 소설로 재탄생할지도 모른다는 생각이 들기도 하였다. 김영순 시인님의 글은 계절마다 다른 향기가 난다.

봄에는 화사하고, 여름에는 시원하고, 가을에는 그윽하고, 겨울에는 더 없이 깊은 마음의 글을 쓴다. 하루하루를 그저 그렇게 대충 생각하며 살아가는 것이 아니고, 그야말로 '날마다 새로워지고 깊어지며 넓어지는 사색의 향기'를 내뿜는다.

이 책은 자신을 다독거리고 영혼을 바로 세우려는 마음에서 나온 글들인지 모른다. 잠시도 쉬지 않는 생각의 모래알들을 찾는 마음으로 이 글들을 썼을 것이라고 생각한다. 여기 그 많던 '싱아' 같은 글 줄기들이 있다. 글 속의 싱아들을 찾아서 음미해보자. 싱아는 "발그스름한 줄기를 꺾어서 겉껍질을 길이로 벗겨내고 속살을 먹으면 새콤달콤하다"—신맛은 있지만 피곤한 인생의 상한 비위를 가라앉히는 데는 그만이다. 김영순 님은 시인이자 수필가로서 감성지수(EQ)와 네트워크지수(NQ)가 아주 높은 분이다.

앞으로도 맑은 영혼이 담겨있는 시와 수필을 통해서, 그리고 NGO활동을 통해서 마음의 상처를 받은 사람들과 사회적 약자들에게 많은 위안을 주고 꿈을 심어주기를 고대한다.

—**임장근** (한국해양과학기술원 전 부원장)

김영순 에세이를 말한다

"달빛에 취하면 술보다 독하다"고 했다. 달빛은 꽃도 아름답게 피운다. 달빛 같은 여인이 피운 꽃이라면 어떨까? 그 여인은 시인이다. 시인이 산문을 썼다. 그것을 어떤 말로 비유할까? 건반을 두드리면 달빛이 비단 되는 손으로 흙을 주물러 청자를 빚었다고 할까. 이 책에는 미인의 자태도 비치고 청자의 향기도 고여 있다.

—**김종성** (시인)

컬럼을 모아 펴낸 에세이가 던지는 메시지는 인간들의 삶 그 자체다. 특히 '여성이 역사를 만든다'에서 한 여인의 지혜와 의리는 세상의 역사를 바꿔 놓기에 충분하다 라고 여성의 위대함을 잘 나타냈다.

—**한정규** (수필가, 소설가, 문학평론가)

고독한 작가에게서는 쓰지 않을 수 없게 하는 영혼이 필력이 된다는 것을 또 한 번 보았다.

겉으로는 화려해 보이지만 내면 얼마나 외로웠을까 생각이 된다. 내적 리듬이 바로 그 작가의 진아로 본다면 김영순 시인의 문학적 사유는 우리 지역 활동가로만 수월히 넘길 작가가 아니라고 본다.

가장 한국적인 그래서 세계적이다.

호흡과 맥박이 건강한 문체로 아름다운 홈시크가 잘 담아져 있다. 꼭 내 책장에 꽂아 놓고 보는 책, 내 어릴 적 고향이 그대로 담겨 있는 책일 것이다.

—**김영덕** (시인, 안산문화원 부원장)

에세이를 보니 저자 김영순 시인의 모든 것이 배여 있었다.

지역사회 발전을 위해 문인단체장, 소비자단체장을 역임하는 등 사회활동을 하면서 틈틈이 글을 써 신문에 게재하는 등 삶에 열정을 보인 여성 지도자로서의 기질이 충만한 책으로 추천하고 싶다.

—**조원칠** (안산신문 명예회장 · 안산대학교 사회교육원 원장)

윤택한 영혼의 메시지

조금은 건방진 말 같지만, 나는 이 나이가 되도록 누구를 부러워하거나 샘을 내어본 적이 없는 것 같다. 그렇다고 딱히 내세울 것도 없으면서 말이다. 고백하건대, 단 한 사람 김영순 시인은 예외다.

그는 섬세하고 부드러운 외모에서 도저히 느낄 수 없는 강렬한 힘이 있다. 안산문인협회와 소비자단체, 아름다운 가게… 등을 이끌 때 그의 합리적 운영방식이나 시민의식을 주도하는 능력은 존경스럽고 참으로 두려운 신뢰를 준다.

또, 글 편마다 나타나 있는 김영순 시인의 안산사랑, 내 고향 안산시에 대한 긍지와 애정은 실로 뜨겁다. 화정천, 화랑유원지, 안산천, 노적봉을 향한 김 시인의 환경에 대한 관심과 문제성 개선에 대한 주장은 원대하고 고집스럽기도 하다.

그는 시시각각 변화하는 삶의 현장에서 끊임없이 도전하며 자신을 채찍질한다. 그 모습이 참으로 아름답다.

김영순 시인의 에세이는 무겁거나 심각하지 않아 부담이 없다. 무엇보다도 그의 글에서는 윤택한 영혼이 엿보이는데 그가 성장한 소박한 환경 때문일까. 에세이 편편마다 진솔한 사람냄새가 물씬 난다.

더욱 풋풋한 향기로 건필하시길 빈다.

―김하은(시인)

김영순 작가의 에세이는 읽는 이의 가슴을 훔치는 것 같아 무서웠다. 무엇보다도 자연환경을 중심으로 다양한 분야에서 보통 사람들의 감정으로는 느끼지 못할 남다른 점에 칭찬하고 싶고 많은 사람들에게 이 책을 권하고자 한다.

—**최종환** (대한민국 6 · 25참전유공자회 전 회장)

저자는 "유년시절을 잠깐 꺼내 보았다."라고 하는데 동년배에 살아왔던 나는 그 시절로 돌아가 한참 동안 고향의 품으로 푹 빠지는 시간이었다. 어머님의 품안에서 사랑 받고 자란 저자의 어릴 적 예쁜 모습도 떠올리며 아울러 옥수수와 감자는 우리나라 정서에 빠질 수 없는, 지금도 즐겨 먹는 좋은 간식거리라는 것도 느꼈다. 아욱죽의 맛도 새삼 입안에 가득 차게 만드는 어머니의 손맛이 정겹고 그립게 떠올랐다.

무엇인가 많이 부족했지만 그 시대의 자연에서 얻어지는 것만으로 잘 맞추어 살았던 어머니의 지혜가 떠오른다.

풍성하진 못해도 만족하며 살았던 정겨운 그 시대의 풍경을 너무도 마음에 와 닿게 전해 주는 귀한 글이다. 사랑과 추억 그리고 행복을 찾는 모든 이들에게 권하고 싶다.

소중한 마음과 즐거운 추억을 전해 주는 저자에게 사랑과 존경을 표한다.

—**공정옥** (안산소비자시민모임 대표)

커다란 대나무 바구니 안의 옥수수, 큰 함지박 안의 감자, 양철 깡통화덕, 마당에 쑥대, 모기장 안에 삼베이불, 아욱죽과 열무김치, 호박꽃 속의 반딧불… 우리 어렸을 적 모습이 고스란히 담겨 있는 김영순 시인의 추억의 담 밑에서 글을 읽느라 가슴 한 켠이 찡해 온다. 눈시울도 촉촉해진다.

죽는 날까지 이 세상 모든 것을 더 사랑해야지 하는 생각이 든다.

축하드립니다.

–지의상 (신안산대학교 공학, 농학박사)

버드나무 춤추는 고향의 시골 개천가에서 산들바람을 맞는 기분이다. 김영순 선생님의 글은 소박하지만 고향을 생각나게 하는 감성 짙은 글이다. 어릴 적 시골 한적한 땡볕 오후에 친구들하고 멱 감다 지치면 버드나무 아래서 누워 푸른 하늘을 바라보는 기억이 생생하다.

김 선생님의 글은 우리의 고향을 그리워하게 한다. 안산타임스에 연재하면서 가끔은 삶이 치열하고 고단할 때 김 선생님의 글에서 안식하곤 한다. 좋은 글로 안산타임스를 알리는데 큰 힘이 되고 있으며 이번 출간에 맞춰 진심으로 감사함을 전합니다.

–박현석 (안산타임스 대표이사)